AF283270

Joe Dispenza

y el poder
de la mente curativa

Einar Nord

© Enero de 2025, Redbook Ediciones, s. l., Barcelona

Lo esencial de los maestros espirituales es una colección creada
y dirigida por Dalia Ediciones S.L. (MMA)

Diseño de cubierta: Regina Richling

Diseño de interior: Primo Tempo / Marta Ruescas

ISBN: 978-84-9917-743-4

Depósito legal: B-1.075-2025

Impreso por Andalusí Gráficas,
Polígono Ind. Zárate Camino Nuevo de Peligros s/n
18210 Peligros (Granada)

Impreso en España - *Printed in Spain*

Ciencia
y espiritualidad

«Tú no eres una gota en el océano.
Eres todo el océano en una gota.»
RUMI

Hace tan sólo treinta años, si se quería saber algo sobre el cerebro con rigor empírico, sólo se podían medir la sangre y los tejidos. Desde 1988 además tenemos neuroimágenes: fotos del cerebro en plena actividad. Se consiguen inyectando glucosa radiactiva, que permite ver cómo se encienden las neuronas, que consumían esa glucosa al trabajar. Así se fotografiaron las áreas del cerebro que eran más activas resolviendo diferentes tipos de problemas.

En 2024, un equipo de neurocientíficos[*] han reconstruido un milímetro cúbico de cerebro humano con resolución nanométrica. El fragmento, con un tamaño similar

---

[*] De la Universidad de Harvard (EE.UU.). Los autores esperan que los resultados, que estarán en abierto, contribuyan a conocer mejor el cerebro y al desarrollo de nuevas terapias.

a medio grano de arroz, contiene 57.000 células, 230 milímetros de vasos sanguíneos y 150 millones de sinapsis. En conjunto, equivale a 1.400 terabytes de datos. Un mapa coloreado y en 3D muestra con detalle cada célula y su red de conexiones neuronales. Esta primera imagen es realmente espectacular. En ella se muestra con gran detalle cada célula y su red de conexiones neuronales en un fragmento de corteza temporal humana donada que mide, como decimos, aproximadamente como medio grano de arroz.

Sin embargo, para una ciencia menos cientificista y más relacionada con la espiritualidad, este extraordinario avance no es capaz de responder una pregunta tan sencilla como: «¿Dónde está ahí la conciencia?»

Por eso es tan extraordinario el trabajo desarrollado por Joe Dispenza. Porque encuentra respuestas a este fenómeno, tan relacionado con el alma humana. Dispenza sistematiza pruebas y datos científicos que pueden explicar —y aplicar— lo más sutil e inefable en la mente de las personas, de tal suerte que favorece una extraordinaria liberación de posibilidades. (Sobre ciencia y cientificismo, ver recuadro en pág. 74).

Desarrolla el cerebro

Este es el título del primer libro de Joe Dispenza. Una obra primeriza, que no obstante contiene su gran hallazgo, desarrollado en su obra posterior. Dispenza nos invita «a producir un pensamiento, uno solo, cualquiera. Tanto si su pensamiento se relaciona con un sentimiento de enfado, tristeza, inspiración, dicha o, incluso, deseo sexual, usted ha cambiado su cuerpo. Usted se cambió a sí mismo. Todos los pensamientos, sin importar si dicen "No puedo" "Puedo",

"No soy suficientemente bueno" o "Te amo", tienen efectos mensurables similares.»

Mientras estamos cómodamente sentados leyendo esta página sin más, nuestro cuerpo está experimentando una gran cantidad de cambios dinámicos. «Impulsados por su último pensamiento, su páncreas y sus glándulas suprarrenales ya están ocupadas segregando un puñado de nuevas hormonas. Como una súbita tormenta eléctrica, distintas zonas de su cerebro se vieron invadidas por una creciente corriente eléctrica, liberando una turba de neuroquímicos que son demasiado numerosos para nombrarlos.»

El bazo, el hígado, el timo, unas enzimas que no estaban presentes minutos

antes... Poder trabajar y trabajarnos con estos cambios es el gran hallazgo de Dispenza, como vemos en aquel primer libro, y a lo largo de éste.

Inteligencia

Hoy sabemos que el cerebro, al contrario de lo que se creyó durante años, está especializado por áreas. Pero la clave no está en esta especialización por zonas, sino en las relaciones entre ellas. El cerebro no es un centro, sino una red: es como una orquesta con solistas sucesivos. Y no tiene un solo director, ni tampoco centralita. Pero no sabemos mucho más, solo que la inteligencia es una red definida, precisamente, por sus relaciones.

Ese cableado cambia cuando aprendemos algo nuevo. No es casualidad que Joe Dispenza haya denominado «Recableado» («Rewired») a su serie de vídeos, si bien en el mundo convencional, la eficiencia general de este cableado es la que miden los test de inteligencia.

Como hemos dicho otras veces, son nuestras conexiones neuronales las que nos hacen más o menos listos. Un cerebro, al igual que ocurre con una organización y con las personas, es más tonto o más listo según sus conexiones.

Otra sorpresa —y es un modelo aplicable a casi toda comparación en psicometría y neurociencia— es que hay más diferencia entre personas que entre grupos: entre cada persona, que entre hombres o mujeres. Entre cada miembro de una etnia que entre etnias diferentes. Entre cada viejo y cada joven que entre jóvenes y viejos... Todos estamos igualados por un cerebro distinto. Somos iguales de modos diferentes. De ese hecho se derivan grandes consecuencias. En el estudio, el el trabajo, en las relaciones...

Una oportunidad exclusivamente humana

Nadie es consciente de sí mismo sin serlo de algún modo también de los demás. Y nadie puede definir la consciencia, aunque existan algunas bases para estudiarla de forma científica: las redes neuronales, su actividad bioeléctrica, química y determinados neurotransmisores lo hacen posible.

Ahora bien, para poder trabajar con la plasticidad cerebral tal como lo explica y propone Joe Dispenza, necesitamos una mirada mucho más abierta a las maravillas del universo cuántico, como vemos a lo largo del libro. Los estados de la mente —y de la consciencia— cuentan con una base fisiológica, con eso trabaja Dispenza. Y de todo eso, y sobre todo, de lo que podemos hacer para vivir mejor y desarrollar todas las posibilidades de la mente y la conciencia, nos muestra una visión muy original y estimulante para ponerla en práctica.

Pero antes de todo eso tuvo que soportar una dura prueba en su vida, como vamos a ver enseguida.

CAPÍTULO 1

Una vida para cambiar la mente

> *«Debemos liberarnos con la ayuda de nuestra mente.*
> *Para el que ha conquistado a la mente,*
> *ella es el mejor de los amigos,*
> *Pero para el que no lo ha logrado*
> *la mente seguirá siendo el peor enemigo».*
> Bhagavad Gita

UNA HISTORIA DE TRANSFORMACIÓN EN PRIMERA PERSONA

En sus intervenciones, Joe Dispenza ha explicado alguna vez su propia historia de transformación personal, y como influyó en su mensaje, en la práctica y los ejercicios de su propuesta. La recogemos aquí con la traducción de sus propias palabras, tal como la describe en sus videos y en alguna de sus conferencias.

El relato se alarga un poco, pero se trata de la experiencia que cambió su vida. Y hoy, la de muchas más personas que siguen su propuesta de cambio a partir de la mente.

Quiropráctico. Os voy a contar una experiencia que tuve hace casi cuarenta años, que me inspiró a investigar el poder del cerebro para modificar nuestra vida. En 1986 yo tenía veintitrés años, había instalado mi propio consultorio como quiropráctico en el sur de California hacía menos de seis meses y ya estaba recibiendo un montón de pacientes por semana. El consultorio estaba en La Jolla, con atletas de talla mundial que entrenaban intensamente y cuidaban el cuerpo fervorosamente. Yo me especialicé en tratarlos. Mientras todavía asistía a la facultad de quiropráctica, estudiaba medicina deportiva de manera exhaustiva en seminarios de educación para adultos, así que después de graduarme encontré un nicho y lo llené.

Tuve éxito porque tenía mucho en común con estos pacientes tan motivados. Yo también estaba motivado y concentrado. Igual que ellos, sentía que podía hacer frente y salir airoso de cualquier desafío. Me había graduado con muy buenas calificaciones, un año y medio antes de lo programado, y vivía la típica imagen californiana.

Triatlón. Mi vida consistía en trabajar, correr, nadar, andar en bicicleta, comer y dormir. Las actividades físicas eran parte del entrenamiento para triatlón, y durante los tres primeros meses de ese año estaba concentrado en una meta: un triatlón en Palm Springs el 12 de abril.

La carrera no arrancó bien, se habían presentado el doble de participantes de lo esperado, los organizadores no podían dejar que todos empezaran al mismo tiempo y dividieron el campo en dos grupos. Mientras un voluntario anotaba mi número con marcador en mi pierna, pregunté a uno de los organizadores de la carrera cuando estaba programado que saliera mi grupo, cuando el disparo que daba comienzo a la carrera se dejó oír por todo el lago. Se encogió de hombros: «Creo que sales ahora». No podía creerlo.

Me recuperé de inmediato, me acomodé el equipo en la zona de transición y me eché a la carrera, descalzo, a través de unos ochocientos metros sobre uno de los extremos del lago. Iba con unos minutos de retraso respecto a mi grupo, pero pronto alcancé al pelotón principal. Mientras daba brazadas tuve que recordar que la carrera era contra reloj y que todavía quedaba un largo trecho por recorrer. Un kilómetro y medio más tarde estaba chapoteando cerca de la orilla, con mis músculos tensos y fatigados por el esfuerzo.

Bicicleta. Mentalmente me sentía bien, y la parte ciclista de la carrera (en este caso, cuarenta kilómetros) siempre había sido mi fuerte. En unos instantes me encontraba corriendo con mi bicicleta hacia el camino. Al cabo de unos cien metros de fuerte pedaleo sobrepasé rápidamente a un puñado de ciclistas. Me acomodé en el asiento para hacerme lo más aerodinámico posible y mover solo las piernas. Mi progreso en los diez primeros kilómetros fue rápido y estimulante.

Por el mapa del recorrido sabía que una curva que se avecinaba era un tanto engañosa: debíamos mezclarnos con el tráfico de vehículos. Eché una ojeada al plan de ruta, apreté los frenos un par de veces para reducir un poco la velocidad y pase al cambio mayor esperando mantener el impulso en movimiento.

Accidente. No me había adentrado más de seis metros en la curva, cuando vi un destello que me paso por el costado. Lo siguiente que supe fue que estaba volando, separado de mi bicicleta por un automóvil SUV rojo que viajaba a más de ochenta kilómetros por hora. Un Ford Bronco se comió mi bicicleta y después intentó comerme a mí. Aterricé en redondo sobre mi trasero y luego reboté y rodé de manera incontrolable. Cuando la conductora del vehículo se se detuvo y clavó los frenos, yo seguí rodando unos cinco metros sobre el pavimento. Lo sorprendente fue que todo esto sucedió en no más de dos segundos.

Mientras yacía sobre mi espalda escuchando los sonidos de la gente que gritaba y el zumbido provocado por el alboroto de las bicicletas que pasaban, pude sentir la tibia sangre que se juntaba en mi caja torácica. Sabía que el dolor agudo que sentía no podía provenir de una lesión del tejido blando, como un esguince o una torcedura. Algo andaba mal de veras. También sabía que parte de mi piel y de la superficie del camino habían intercambiado lugares. La inteligencia innata de mi cuerpo empezaba a hacerse cargo mientras yo me rendía ante el dolor. Me extendí sobre el piso, tratando de respirar a un ritmo constante y de conservar la calma.

Hice un repaso por todo mi cuerpo con la mente, asegurándome de que mis brazos y piernas todavía estuvieran allí y se movieran —lo hacían—. Al cabo de veinte minutos que parecieron cuatro horas, una ambulancia me llevó enseguida al hospital J.F. Kennedy. Lo que más recuerdo del viaje en ambulancia es que había tres técnicos tratando infructuosamente de encontrar mis venas para aplicarme un goteo intravenoso. De cualquier manera yo estaba en estado de conmoción. Durante este proceso, la inteligencia corporal mueve grandes volúmenes de sangre hacia los órganos internos desde las extremidades. Internamente también sangraba bastante: sentía como la sangre se juntaba a lo largo de la columna. Había muy poca sangre en mis extremidades en ese momento.

Hospital. Me hicieron exámenes de sangre, de orina, rayos X, tomografías computarizadas y una serie de pruebas que duraron unas doce horas. Tras tres intentos infructuosos de eliminar la grava del camino de mi cuerpo, los asistentes del hospital se rindieron. Frustrado, confundido y dolorido, llegué a pensar que todo eso debía de ser alguna pesadilla que yo mismo había creado.

Por último, el cirujano traumatólogo, que también era el director médico del hospital, llevó a cabo su examen ortopédico y neurológico. Pudo determinar que no había daño neurológico y agitó las radiografías delante de la pantalla. Una en particular llamo mi atención: la placa torácica lateral, una vista lateral de la zona media de mi columna. Vi con toda claridad que las vértebras D-8, D-9. D-10. D-11, D-12 y L-1 estaban comprimidas, fracturadas y deformadas. Me dio su diagnóstico: «Fracturas de compresión múltiple de la espina dorsal, con la vértebra D-8 hundida en más de un sesenta por ciento». Pensé para mí: «Podría ser peor». Fácilmente habría podido partirme la columna vertebral y haber terminado muerto o paralítico.

Diagnóstico. Ya sabía lo que iba a decir. De hecho, lo hubiéramos podido decir juntos: «El procedimiento normal en estos casos es una laminectomía torácica completa, empleando el método quirúrgico Harrington de implante de varillas».

Había visto varios videos de laminectomías realizadas en quirófanos. Era una cirugía radical en la que todas las partes posteriores de los segmentos vertebrales se recortan y remueven en cada tramo. El cirujano tiene una caja de herramientas con cuchillas de carpintero y minisierras circulares para cortar el hueso y dejar una superficie lisa y suave. Luego, el cirujano inserta las varillas de Harrington, que son dispositivos ortopédicos de acero inoxidable y se ajustan con clavos y grapas a ambos lados de la columna vertebral, para estabilizar las fracturas severas o curvaturas anormales que se producen como resultado de un traumatismo. Por último, raspando los huesos de la cadera, se extraen fragmentos de hueso nuevos, que se apisonan sobre las varillas.

Sin reaccionar, le pregunté al médico por el largo que debían tener las varillas. «De veinte a treinta centímetros, desde la base del cuello hasta la base de la columna», me dijo. Luego, me explicó que él consideraba que el procedimiento era realmente bastante seguro. Al partir, me pidió que eligiera un día dentro de los tres siguientes para proceder a la operación. Lo saludé con la mano y le di las gracias.

Posibilidades. Sin embargo, como todavía no estaba satisfecho, pedí que me visitara el mejor neurólogo de la zona. Después de sus exámenes y estudios de rayos me dijo sin rodeos que había una posibilidad superior al cincuenta por ciento de que no pudiera volver a caminar si decidía no hacerme la operación. Me explicó que la vertebra D-8 estaba comprimida como una cuña: más pequeña del lado del frente de la columna y más grande en la parte posterior. Me advirtió de que, si me ponía de pie, sería probable que la columna no soportara el peso de mi torso y mi espina dorsal se desplomara.

Aparentemente, el ángulo anormal de la vertebra D-8 alteraría la capacidad normal de los segmentos espinales para soportar el peso. La deformidad había generado un desequilibrio estructural que provocaría que los fragmentos de la espina dorsal se movieran y causaran una parálisis al instante. La parálisis se manifestaría debajo de la fractura de la vértebra D-8. Quedaría paralizado del pecho para abajo. El médico agregó que nunca había oído de ningún paciente en los EE.UU. que se opusiera a la operación.

A la mañana siguiente, en medio del atontamiento provocado por los calmantes y el insomnio, me di cuenta de que todavía estaba en el hospital. Cuando abrí los ojos, vi al Dr. Paul Burns, mi antiguo compañero de dormitorio en la facultad de quiropráctica, sentado frente a mí. Paul, que trabajaba en Honolulu, se había enterado de mi situación, había dejado su consultorio, volado a San Diego, conducido hasta Palm Springs y llegado a tiempo para estar allí cuando yo me despertara.

Paul y yo decidimos que sería mejor que me trasladaran en ambulancia desde Palm Springs al hospital de La Jolla, así podría estar cerca de mi casa en San Diego. El viaje fue largo y doloroso. Yo estaba acostado y atado a una camilla, y las llantas de la ambulancia me transferían cada una de las imperfecciones del camino en una sacudida de dolor en alguna parte del cuerpo. Me sentía indefenso ¿Como superaría todo esto?

«Puede quedar paralítico en cualquier momento». Cuando llegué a mi habitación en el hospital, de inmediato me presentaron al cirujano traumatólogo del sur de California más importante del momento. Era un hombre maduro, exitoso, apuesto, muy creíble y sincero. Me dio la mano y me dijo que no había tiempo que perder. Me miró a los ojos y señaló: «Tiene una cifosis (curvatura anormal de la columna hacia delante) de veinticuatro grados. Las tomografías computarizadas indican que la médula espinal tiene contusiones y toca los fragmentos óseos que fueron empujados hacia atrás en el volumen de la columna correspondiente a ese segmento vertebral. La masa ósea de cada vertebra debió ir a parar a algún lugar cuando sufrió la compresión, y la forma normal de la columna en cada una de ellas se transformó en lo más parecido a una piedra que se desploma. Puede quedar paralítico en cualquier momento».

«Le recomiendo que se realice una operación aplicando el método de las varillas de Harrington de inmediato. Si esperamos más de cuatro días será necesario un procedimiento quirúrgico radical, en el cual abrimos el cuerpo desde el lado frontal, cortamos y abrimos el pecho y también la espalda, y colocamos las varillas a ambos lados (frente y dorso). Las probabilidades de éxito para esta opción más radical rondan el cincuenta por ciento».

Calcio. Comprendí porqué esta decisión debía tomarse dentro de los cuatro días. La inteligencia innata del cuerpo envía hilos de calcio a depositarse en el hueso para iniciar el proceso de curación lo antes posible. Si esperábamos más de cuatro días, los cirujanos deberían trabajar sorteando y atravesando ese proceso natural de sanación. El medico me aseguró que, si me decidía a operarme antes de los cuatro días, podría caminar en uno o dos meses y volver a mi consultorio para atender a mis pacientes.

No sé el porqué, pero había algo que me impedía tomar una decisión apresurada e hipotecar mi futuro. A estas alturas, tenía un tremendo conflicto y me sentía realmente desorientado. Él estaba muy seguro de lo que decía, como si no hubiera ninguna otra alternativa. Sin embargo, le pregunté: «¿Y qué pasa, si decido no operarme?». Con toda calma, me respondió:

«No se lo recomiendo. El cuerpo tardará de tres a seis meses en curarse antes de que tenga alguna posibilidad de caminar. El procedimiento normal es guardar cama estrictamente boca abajo, durante todo el tiempo de recuperación. Luego, vamos a tener que ponerle un yeso en todo el cuerpo, que tendrá que usar de manera permanente entre seis meses y un año. Según mi opinión profesional, si no se opera, en el momento en que quiera ponerse de pie quedara paralítico. La inestabilidad de la vértebra D-8 aumentará la curvatura anormal que tiene y dañará la medula espinal. Si usted fuera mi hijo, ya estaría en el quirófano en este mismo instante».

Decisión. Allí me encontraba yo, acostado y rodeado por ocho quiroprácticos, todos ellos íntimos amigos, además de mi padre, que había volado desde la costa Este. Nadie pronunció ni una palabra durante un largo rato. Todos esperaban a que hablara yo. Nunca lo hice. Al final, mis amigos sonrieron, me tomaron del brazo o me palmearon el hombro y de uno en uno abandonaron la habitación respetuosamente. A medida que todos se iban, excepto mi padre, tomé plena conciencia del alivio unánime que sentían mis amigos al saber que no estaban en mi situación. Lo que sucedió durante los tres días siguientes fue el peor de los sufrimientos humanos: la indecisión.

Finalmente decidí que una opinión más no me haría daño. Al día siguiente, esperé a que llegara el último de los cirujanos. Este último médico dijo básicamente lo mismo que los demás, pero ofreció un procedimiento quirúrgico diferente: varillas de quince centímetros, que se colocarían en la columna durante un año. Luego, serían reemplazadas por otras de diez centímetros. Ahora yo tenía la alternativa adicional de dos operaciones en vez de una.

Seguía acostado ahí, como en trance, observando cómo se movían sus labios mientras él hablaba, pero mi atención estaba ya en otra cosa. Su voz empezó a alejarse, cada vez más y más, a medida que el tiempo transcurría.

A estas alturas no tenía ninguna percepción del tiempo. Yo estaba como en éxtasis, y mi mente estaba muy lejos de esa habitación de hospital. Pensaba en la posibilidad de vivir con una incapacidad permanente y, lo más probable. con un dolor constante. Por mi mente desfilaban imágenes de pacientes a los que yo había atendido a lo largo de los años y que con anterioridad se habían decidido por la operación con el método de las varillas de Harrington. Cada día lo vivían sobre la base de medicamentos adictivos, siempre tratando de escapar de un tormento brutal que nunca los abandonaba.

¿Qué aconsejar? Sin embargo, empecé a cuestionarme. ¿Y si yo hubiera tenido en mi consultorio un paciente al que le hubiera tomado placas radiográficas de las que hubiese extraído resultados similares a los míos? ¿Qué le hubiera dicho? Lo más probable, que se operara, ya que era la alternativa más segura si quería volver a caminar. Pero en este caso se trataba de mí, y no podía imaginarme vivir con semejante discapacidad, teniendo que depender de los demás. La sola idea me hacía sentir mal desde lo más profundo de mis entrañas.

En aquel momento, esa inmortalidad natural que viene con la juventud, con la buena salud y con un periodo determinado de la vida empezó a abandonarme como una rápida brisa que pasa por un corredor abierto. Me sentía vacío y vulnerable.

Volví a concentrarme en la situación presente. El médico se acercó y le pregunté: «¿No cree que colocar varillas de Harrington en las vértebras dorsales y en gran parte de la columna lumbar limitará la movilidad normal de mi espalda?« Sin ni siquiera pestañear, me respondió asegurándome que no me preocupara, porque, según él, normalmente no había movimiento en la espina dorsal y, por tanto, la movilidad normal no se vería afectada por las varillas.

Artes marciales y yoga. En aquel instante todo cambió para mí. Había estudiado y enseñado artes marciales durante muchos años, mi columna era muy flexible y sumamente móvil. Durante parte de mis estudios de grado en la universidad y casi todo el tiempo del doctorado en quiropráctica, había tenido la disciplina de practicar tres horas de yoga al día. Todas las mañanas, me despertaba antes de la salida del sol, a las 3:55 de la madrugada, y participaba en clases intensivas de yoga antes de empezar mi tarea en las aulas. Debo admitir que durante la práctica de yoga aprendí más acerca de la columna y del cuerpo que en todas las horas que pase en las clases de anatomía y fisiología. Incluso en San Diego dirigía un estudio de yoga donde también enseñaba. Para cuando me accidenté, el yoga era parte de un programa de rehabilitación física que empleaba en mis pacientes.

Yo sabía que había mucha más flexibilidad en esa parte de la columna de lo que este último doctor suponía.

También sabía, por la experiencia que tenía de mi propio cuerpo, que había bastante movilidad en mis vértebras dorsales. El problema ahora se había convertido en una cuestión de relatividad. Mientras hablaba con este médico le eché una mirada al Dr. Burns, que había estudiado yoga y artes marciales conmigo cuando íbamos a la universidad. Mi colega movía su columna en seis planos serpenteantes distintos, mientras permanecía parado detrás del cirujano. Al presenciar esta demostración, me di cuenta de que ya tenía todas las respuestas a las preguntas que estaba formulando, porque yo era experto en la columna. tanto por mi educación formal como por mi experiencia personal.

El médico interno en funcionamiento. También sabía que, a un determinado nivel, el cuerpo se sana solo, Esta es la filosofía quiropráctica: que nuestra inteligencia innata le da vida al cuerpo. Solo debemos sacar del camino a nuestra mente educada y darle a una inteligencia superior la oportunidad de hacer lo que mejor sabe. Los terapeutas holísticos entienden que esta inteligencia innata corre por el sistema nervioso central, desde el mesencéfalo y otras regiones subcorticales inferiores del cerebro hacia el cuerpo. Esto sucede todo el día, todos los días, y ese proceso ya me estaba curando. De hecho, le estaba dando vida a todo lo que yo hacía, manteniendo todo en funcionamiento, desde la digestión de los alimentos hasta el bombeo de la sangre. No siempre tenía conciencia de esos procesos; la mayoría se daban en un plano de fondo, separados de mi conciencia.

Aunque yo tenía una corteza cerebral nueva, educada y pensante, que consideraba que tomaba las decisiones con respecto a mi cuerpo, la verdad es que los denominados centros inferiores del cerebro ya habían empezado el proceso de curación. Solo debía entregarme a la inteligencia que ya estaba funcionando activamente, como siempre, en mi interior, y dejar que trabajase para mí.

En un reino desconocido. Estaba mirando a través de una ventana distinta de la de los cuatro cirujanos; vivía en un reino completamente desconocido para ellos. Empecé a sentir que recobraba el control, que tenía principios. Al día siguiente abandoné el hospital. Uno de los cirujanos, muy alterado, le dijo a mi padre que yo estaba mentalmente inestable por el trauma y lo urgió a someterme a una evaluación psicológica. Pero algo dentro de mí sabía que había tomado la decisión correcta. Al dejar el hospital, me aferré a un solo pensamiento: que mi poder interior, que le da vida permanentemente a mi cuerpo, me curaría si yo lograba hacer contacto con él y dirigirlo. Como dirían la mayoría de quiroprácticos, «El poder que hizo al cuerpo cura el cuerpo».

La ambulancia me dejó en la casa de dos íntimos amigos. En los tres meses siguientes tuve una hermosa habitación de estilo alpino: con muchas ventanas, luminosa, clara y espaciosa, bien distinta de los cuartos oscuros del hospital, con su aire viciado. Empecé a relajarme y a dejar que mi mente se ampliara, sin mirar atrás mi decisión. Debía concentrarme solo en mi cura y no permitir que ningún otro pensamiento o emoción arraigados en el temor o en la duda me distrajeran de la recuperación. Mi decisión era definitiva.

Un plan de acción. Necesitaba un plan de acción si debía sanar esta lesión por completo. Comería únicamente una dieta de alimentos crudos, y solo en pequeñas cantidades. ¿Por qué? Porque así la energía requerida para digerir grandes comidas cocidas se ahorraría para la curación. Después del sexo, la digestión es la actividad que utiliza la mayor cantidad de energía corporal. También, al tener las enzimas ya incluidas en alimentos crudos, se aceleraría mi digestión y el cuerpo necesitaría menos energía para procesarlos y eliminarlos.

Luego, pasé tres horas al día —por la mañana, tarde y noche— haciendo autohipnosis y meditación. Visualizaba, junto con la dicha de estar completamente curado, que mi columna estaba reparada. Reconstruí mentalmente mi columna, rearmando cada segmento. Miré cientos de fotos de columnas para ayudarme a perfeccionar mis imágenes mentales. Mis pensamientos enfocados me ayudarían a dirigir la inteligencia superior que ya estaba funcionando para sanarme.

Hipnosis. Mientras cursaba mis estudios de grado en la universidad, y luego en el doctorado de quiropráctica, me había fascinado el estudio de la hipnosis. Este interés había surgido porque tenía dos compañeros de cuarto que con frecuencia caminaban y hablaban dormidos. Esos incidentes despertaron mi curiosidad sobre el poder de la mente subconsciente y la hipnosis misma.

Durante dos años, todos los fines de semana, y durante muchas noches, había asistido a una escuela («Motivación para la Hipnosis»). Cuando me licencié de quiropráctico en la universidad, había estudiado más de quinientas horas de hipnosis clínica desarrollada por el padre de la hipnosis moderna, el Dr. John Kappas.

Cuando todavía asistía a la universidad, me licencié y certifiqué como hipnoterapeuta clínico y establecí un consultorio privado de hipnoterapia a tiempo parcial, en un centro de sanación holística en las afueras de Atlanta, Georgia. Entonces no entendía cómo funciona la mente del mismo modo en que lo entiendo hoy, pero presencié de manera directa el poder de la mente subconsciente. Por ejemplo, después de inducir en mis pacientes un estado alterado, vi a una mujer anorgásmica experimentar un orgasmo clínico sin contacto físico; a una persona que hacía más de 20 años que fumaba, dejar el hábito por completo en una sesión, y a un cliente con dermatitis y sarpullido crónicos, sanar su piel totalmente en una hora.

Por todo ello empecé mi régimen de recuperación con la simple idea de que la curación de mi lesión era posible, porque ya había presenciado la capacidad de la mente subconsciente. Había llegado el turno de ponerla a prueba conmigo.

El calcio. Por último, me di cuenta de que, para lograr que las cantidades adecuadas de calcio se depositarán en esos huesos rotos, debía aplicar cierta presión gravitacional en los segmentos dañados. A medida que un hueso se desarrolla o se cura, la fuerza natural de gravedad actúa como un estimulante para cambiar la carga eléctrica normal de la parte exterior del hueso, de modo que, por polaridad, la molécula con carga positiva será atraída por la superficie del hueso, que tiene carga negativa. Sin duda, para mí este concepto tenía sentido.

No pude encontrar ningún texto en que se aplicara semejante razonamiento al tratamiento y manejo de las fracturas por compresión. Pero la ausencia de investigaciones publicadas no me detuvo.

Le pedí a un amigo que me construyera una tabla inclinada, una base para poder apoyar los pies y que me sirviera de sostén. Todos los días, rodaba con cuidado desde la cama hacia la tabla, y me llevaban afuera. Primero me colocaron en un ángulo de dos grados por encima de la posición horizontal, para empezar a ejercer presión sobre la columna gradualmente. Cada día aumentábamos el ángulo. Para la sexta semana, ya estaba a sesenta grados, sin ningún tipo de dolor. Esta proeza era asombrosa, considerando que se suponía que no debía abandonar la cama durante un lapso de entre tres y seis meses.

Pasaron seis semanas y yo me sentía fuerte, feliz y confiado. Contratamos a un médico para que se ocupara de mi consultorio y yo lo gestionaba por teléfono.

¿En una piscina? En un momento dado, decidí que la movilidad (y no la inmovilidad, como lo prescribe la profesión médica) sería algo positivo para mi recuperación. Había llegado el momento de empezar a nadar.

Pensé que el agua disminuiría el peso de la gravedad sobre mi columna. La casa en la que estaba viviendo tenía una piscina, en parte cubierta, que resultaba ideal. Me colocaron un traje de baño mojado muy apretado y me transportaron en una silla tipo tumbona hacia la piscina con agua tibia. Mi corazón se aceleró al mismo ritmo que mi mente. No había estado en posición vertical desde hacía mucho tiempo.

Al principio solo flotaba horizontalmente en la tumbona, pero me fui moviendo gradualmente hacia la posición vertical por primera vez, aferrándome a un columpio que habían construido para mi sostén. Floté con rigidez, subiendo y bajando en las olas que mi movimiento creaba. Al estar flotando erguido en el agua en lugar de estar de pie sobre el suelo, de hecho disminuí el peso que mi columna debía soportar, al reducir la gravedad.

Esto me permitió permanecer vertical con una mínima presión sobre mi columna en vías de sanación. De ahí en adelante, nadé todos los días, al principio apenas chapoteando con los pies. Al cabo de unos días, ya estaba nadando como un pez, ejercitando todos mis músculos. Me encantaba aquella nueva libertad. ¡Si me hubieran visto los cirujanos! Mi cuerpo respondía de un modo sorprendente.

A las ocho semanas, empecé a gatear en tierra firme. Sentí que si imitaba los movimientos de un bebé, podría desarrollarme de manera similar y, con el tiempo, ponerme de pie.

Para recobrar y mantener la movilidad, practiqué yoga todos los días para darle un estiramiento continuo a mi tejido conectivo. La mayoría de posturas las hacía acostado. A las nueve semanas ya me sentaba, me daba baños en la bañera y, finalmente, pude usar el inodoro (¡Ah, sí, las cosas simples de la vida!)

Lectura. Todo esto explica lo que hice con mi cuerpo. Pero tuve otra experiencia crucial que influyó en mi mente y en el resultado final positivo de mi elección. A las seis semanas estaba un tanto ansioso. Estar tendido todo el día al sol o en la cama suena fantástico si uno lo hace voluntariamente y puede dejar de estar acostado boca abajo y levantarse con facilidad en cualquier momento en que lo desee. No era mi caso, y buscaba cualquier tipo de estímulo mental que pudiera hallar. No era deseable estar concentrado todo el día en la columna y sus componentes individuales.

Un día, durante esas primeras seis semanas, vi un libro que estaba solo en un estante de la biblioteca. Me intrigó su misteriosa tapa blanca y le pedí a un amigo que había ido a visitarme que me lo alcanzara. Su autor era Ramtha (Ramtha School of Enlightment, RSE). Lo abrí, era *Ramtha: El libro blanco** (*Ramtha: The White Book*) y empecé a leerlo, sin imaginar la influencia que este libro tendría en mí.

Recibí una educación católica, pero no era una persona que pudiera considerarse especialmente religiosa, ni siquiera espiritual. Creía en la inteligencia innata del cuerpo, sabía que existía una fuerza que nos animaba a todos y cada uno de nosotros, y que esa fuerza / inteligencia era mucho mayor que cualquier cosa que el ser humano pudiera poseer. Pero no me atraía ni pertenecía a ninguna clase de iglesia rígida y jerárquica ni seguía ningún dogma. De todas formas, en cierto sentido estaba predispuesto a tener una mentalidad más abierta que otras personas con lo que encontraría en aquel libro.

---

* Hay edición en español (2018), revisada y ampliada, en la editorial Bel Shanai.

Superconciencia. Empecé a leerlo por mera curiosidad, pero, apenas después de las primeras páginas, la parte subconsciente de mí había tocado mi intelecto y me decía que prestará atención a lo que estaba leyendo. Las palabras tenían sentido, y a muchos niveles. Para cuando llegué a la parte del libro que explica de qué manera los pensamientos y las emociones crean nuestra realidad, la idea de superconciencia ya me había atrapado por completo.

Lo terminé treinta y seis horas después. Yo era un hombre en medio de un cambio, y el libro, en gran medida, había acelerado la velocidad de ese cambio.

Aquel libro era el perfecto catalizador, al cristalizar gran parte de lo que yo venía pensando y experimentando la mayor parte de mi vida adulta. Encontré la respuesta a muchas preguntas sobre el potencial humano, la vida, la muerte, y la divinidad de los seres humanos. Por citar solo algunas.

Aquel libro corroboraba muchas decisiones que yo había tomado, en particular mi arriesgada elección de renunciar a la operación. Desafiaba los límites de lo que sabía que era cierto desde un punto de vista intelectual, y me elevó al siguiente nivel de conciencia y comprensión acerca de la naturaleza de la realidad.

Entendí mejor que nunca antes, que nuestros pensamientos afectan no solo nuestro cuerpo, sino también nuestra vida entera. El concepto de superconciencia no era solo el de la «ciencia de la mente sobre la materia», sino también la idea de la mente que influye sobre la naturaleza de toda realidad. ¡No está nada mal, para un libro que estaba ahí solo, en un estante vacío, criando polvo!

Catalizador. Mediante las enseñanzas de Ramtha*, mi exposición a la idea de superconciencia me ayudó a comprender que yo era el responsable de todo lo que me sucedía en la vida, incluso de mi lesión. Lo más importante es que empecé a ver la perfección de mi creación entera.

La desaceleración vivida me había afectado mucho más profundamente de lo que jamás hubiera imaginado. Tuve que repensar todo lo que sabía y me sentía enriquecido.

Hice un trato conmigo mismo. Si mi cuerpo era capaz de curarse y podía volver a caminar sin estar paralizado o dolorido, pasaría la mayor parte de mi vida estudiando este fenómeno de la mente sobre la materia y cómo es que la conciencia crea la realidad. Me interesé mucho más por aprender a controlar mi futuro de manera consciente y pensada y fue entonces cuando tomé la decisión de inscribirme en la escuela de iluminación de Ramtha para involucrarme más en las enseñanzas.

Al cabo de nueve semanas y media me puse de pie y, entonces, volví a caminar hacia mi vida. A las diez semanas regresé al trabajo, visitando pacientes y disfrutando mi libertad. Sin yeso, ni deformidades, ni parálisis.

A las doce semanas levantaba objetos pesados y continuaba mi rehabilitación. Me habían preparado para colocarme dentro de un yeso a las seis semanas de mi accidente, pero solo usé una vez, cuando camine por primera vez, durante casi una hora. A estas alturas de mi recuperación ya no lo necesitaba.

---

* Se considera que Ramtha es una inteligencia extraordinaria, de profunda sabiduría y amor, canalizada a través de Judy Zebra Knight. Desde 1978 ella ha dado centenares de audiencias e intervenciones en todo el mundo.

El paso de los años. Han pasado casi cuarenta años desde aquel día de mi lesión. Vale la pena decir que, si bien el 80% de la población estadounidense se queja de algún tipo de dolor de espalda, yo casi nunca tuve dolores en la columna desde mi recuperación.

Cuando miró atrás para imaginar las consecuencias de haber hecho una elección diferente en mi pasado, me exalto silenciosamente en mi libertad actual. Durante aquel breve periodo de mi vida, recibí más inspiración en cuanto al proceso de sanar la mente y el cuerpo de lo que hubiera podido imaginar si hubiera optado por la cirugía convencional.

No sé si lo que experimenté es un milagro, pero hice la promesa de explorar, del modo más exhaustivo posible, el fenómeno de la sanación espontánea. «Sanación espontánea» hace referencia al proceso por el cual el cuerpo se repara solo o se libera solo de una enfermedad, sin intervenciones médicas tradicionales, como la cirugía o los medicamentos.

Ramtha. A lo largo de diecisiete años como estudiante y de siete años como maestro en la escuela de Ramtha (RSE), trascendí los límites originales de esa investigación. Fueron experiencias que me habían inspirado y enriquecido. Mis actividades, mis libros, mis cursos, todo eso no habría sido posible sin el estudio y las experiencias que tuve allí.

Hoy mi investigación, mis intereses científicos y mi subsistencia giran alrededor de todo tipo de sanación. Pasé los últimos siete años tratando de averiguar cómo la creencia en un único pensamiento, independiente de las circunstancias, invoca a una mente superior y conduce a la gente a un inmenso y maravilloso futuro. Cuando en mis conferencias hablo de los ingredientes que se necesitan para que alguien cambie por completo su condición, en verdad me siento bendecido por poder contribuir a la comprensión de la persona lega acerca del cerebro y del poder que poseen nuestros pensamientos para moldear nuestra vida.

Aparte de las dolencias físicas, en mis libros y cursos también tengo el propósito de considerar otro tipo de aflicción: la adicción emocional. En los últimos años, al viajar por muchos lugares, dar conferencias y llevar a cabo investigaciones independientes relacionadas con las últimas evidencias en neurofisiología, he llegado a comprender que lo que una vez fue teoría ahora tiene para nosotros aplicaciones prácticas en la sanación de las heridas que nosotros mismos nos infligimos.

Los métodos que sugiero se basan en las más recientes investigaciones en neurociencias. Todos hemos experimentado la adicción emocional en algún momento de nuestra vida. Entre sus síntomas podemos citar el letargo, la falta de concentración, un tremendo deseo de mantener la rutina de nuestra vida cotidiana, incapacidad para completar ciclos de acción, falta de nuevas experiencias y respuestas emocionales, y el persistente sentimiento de que un día es igual a otro, y a otro.

¿Podemos terminar con este ciclo de negatividad? ¿Cómo? La respuesta. por supuesto, está en todos y cada uno de nosotros. Y, en este caso, en una parte muy específica de ti, que me escuchas o me lees. A través de la comprensión de los temas que exploramos y la voluntad de aplicar algunos principios específicos, podrás sanarte emocionalmente, modificando las redes neuronales del cerebro. Antes se creía que el cerebro estaba «instalado», lo cual implicaba que el cambio es imposible y que el sistema de respuestas y tendencias heredadas de tu familia es tu destino. Pero de hecho, el cerebro posee elasticidad, la capacidad de cerrar antiguos senderos de pensamiento y de formar nuevos, a cualquier edad y en cualquier momento. Más aún, lo puede hacer con relativa rapidez, en especial si lo comparamos con los modelos evolutivos usuales, donde el tiempo se mide en generaciones y eones, y no en semanas.

Según estoy empezando a aprender y según lo que la neurociencia reconoce y confirma:

Nuestros pensamientos importan.

Nuestros pensamientos, literalmente, se convierten en materia.*

(aplausos del auditorio).

UN NEUROCIENTÍFICO QUIROPRÁCTICO

Para completar este apartado biográfico sobre Joe Dispenza: estudió bioquímica en la Universidad Rutgers de New Brunswick, en Nueva Jersey, y más tarde obtuvo el doctorado de quiropráctica en la Life University, de Atlanta, Georgia, donde se licenció magna cum laude y recibió el premio *Clinical Proficiency Citation* por la extraordinaria calidad de su relación con los pacientes. Es miembro de la International Chiropractic Honor Society.

Ha cursado estudios de postgraduado en neurología, neurofisiología, función cerebral, biología celular, genéti-

---

* Dispenza hace un juego de palabras con *matter* (el verbo, 'importar') y *matter* (el sustantivo, 'materia').

ca, memorización, química cerebral, envejecimiento y longevidad.

Ciencia y espíritu. Dispenza también fue profesor de la Escuela Ramtha de Iluminación Espiritual, donde fortaleció su convicción de que el matrimonio entre la ciencia y el espíritu puede cambiar nuestra vida. Y, desde 1997, imparte cursos y conferencias en todo el mundo —algunas, ante más de diez mil personas— sobre la mente y las neurociencias, con una mirada que va más allá de la realidad aparente. Y trabaja para desentrañar los extraordinarios hallazgos del universo cuántico, donde «nada es imposible».

Como autor de diversos artículos científicos sobre la relación existente entre la química cerebral, la neurofisiología y la biología, utiliza toda esta información para explicar el papel que juegan dichas funciones en la salud física.

El doctor Dispenza ha investigado sobre las remisiones espontáneas, sintetizando los elementos comunes a todos los casos. Básicamente, se trata de personas que han cambiado la arquitectura neurológica de su cerebro y, con ello, han recuperado su estado de salud experimentado curaciones «milagrosas».

En 2004 fue uno de los protagonistas del film y del libro *¡¡Y tú qué sabes!?* (*What the bleep do we know!?*). A menudo se le recuerda por sus comentarios acerca de la capacidad de las personas para crear su día de cada día, todos los días.

Dispenza vive en Rainer (Washington). Está casado en segundas nupcias y comparte cinco hijos. En la actualidad, cuando no está de viaje o escribiendo, atiende a sus pacientes en la clínica de quiropráctica que tiene cerca de Olympia (Washington).

CAPÍTULO 2

Deja de ser tú

*«No se va hacia adelante mirando atrás;
se va hacia adelante mirando adelante».*
C.S. LEWIS

*«El cerebro no sabe la diferencia
entre lo que ve y lo que recuerda».*
JOE DISPENZA

Todos hemos sentido alguna vez que, por muchos esfuerzos que hagamos, no cambia nada. Según Joe Dispenza, no basta con desear algo con todas tus fuerzas, es necesario alinear los deseos y pensamientos para poder «vibrar» y crear tu realidad. Hay que dejar de creernos víctimas de las circunstancias y comenzar a crear nuestra propia realidad, es un trabajo de adentro hacia afuera y no al revés.

Una vida con sentido depende en gran parte del buen uso que demos al cerebro, la mente y la conciencia. Y en *Deja de ser tú*, el doctor Joe Dispenza nos guía para poder obtener un nuevo estado mental. La intención es de «renovar «el hardware y el software» de tu cerebro para disfrutar de una vida óptima. Y ya puedes prepararte para dar un paso adelante. Contiene una visión transversal, incluyendo lo que piensas, lo que sientes y lo que realizas, tanto de tu vida íntima como en los demás aspectos de la vida.

La ciencia de tu ser

Dispenza recuerda cómo la vieja la teoría según la cual mente y materia son dos cosas distintas desaparece en el campo cuántico. La mente es materia, y la materia es mente. Debemos entender que cambiar nuestra mente no es más que una cuestión de dejar el hábito de ser el mismo de siempre. Para eso hay que tener nuevas experiencias y percepciones. Cuando trasciendes tus sentidos, cuando entiendes que no estás limitado por las cadenas de tu pasado, todo es posible.

Cambiar tu mente, cambiar tu vida

Cuando cambias tu mente, cambia tu vida. La neurociencia ha demostrado que cambiamos nuestro cerebro —y por lo tanto de conductas, actitudes y creencias— al pensar de distinta manera (o sea, sin que cambie nada de nuestro entorno). Por medio del repaso mental (imaginar repetidamente que realizamos una acción), los circuitos del cerebro son reorganizados para reflejar nuestros objetivos.

Podemos hacer que nuestros pensamientos sean tan reales que el cerebro cambie como si la situación ya fuera una realidad física. Tú también puedes cambiarlo para adelantarte a cualquier experiencia del mundo exterior. Si sigues instalando, reforzando y mejorando la configuración neurológica del cerebro, esta repetición acaba creando una red neuronal: un nuevo programa informático. Y este programa, al igual que el software de un ordenador, funciona de manera automática.

Vamos a ver muy brevemente los capítulos que forman parte de este libro de Joe Dispenza.

LA CIENCIA DE TU SER

1. Tu yo cuántico. Se basa en el campo cuántico (el entorno). La física cuántica, sostiene que la materia está compuesta del 99,99999% de energía (intangible) y un 00,00001% de partículas (tangible). La mayoría de las personas nos enfocamos en la parte tangible.

La materia es más energía que partículas. Toda la materia emite siempre un patrón energético. Tú emites un patrón energético con ciertas características, tus estados mentales modifican de forma consciente e inconsciente estas características.

Una emoción positiva intensa más una intención (pensamiento u objetivo claro) pueden lograr cambios.

Los pensamientos envían una señal eléctrica al campo y nuestros sentimientos atraen magnéticamente situaciones en la vida. A esto lo podemos llamar huella electromagnética.

En el campo cuántico (entorno) existen todo tipo de experiencias (son infinitas posibilidades). Por ejemplo: salud, creatividad, riqueza. Al cambiar tu huella electromagnética puedes hacer que dicha huella «haga match» con alguna experiencia existente en el campo cuántico. Cuando esto sucede (cuando «vibras» igual que la experiencia que quieres obtener) es ahí cuando tu realidad cambia. Se puede decir también que la realidad nos encuentra.

El campo cuántico es donde convergen todas las experiencias y sucesos que queremos atraer. Por eso debemos pensar, sentir y actuar de forma diferente si queremos un cambio.

Mente (los pensamientos) y corazón (los sentimientos). Es decir, se trata de poner en la misma sintonía a la mente (pensamientos) y el corazón (sentimientos). Los pensamientos son el lenguaje del cerebro y los sentimientos del cuerpo.

● **2. Ir más allá del entorno.** Si tienes los mismos pensamientos y sentimientos, seguirás creando la misma realidad de siempre.

Nuestro cerebro no distingue el mundo interior de lo vivido en el mundo exterior. Al practicar mentalmente repetidas veces una nueva forma de pensar, obrar o ser, «instalarás» una configuración neuronal adecuada para prepararte fisiológicamente para la nueva situación deseada.

● **3. Ir más allá del cuerpo.** Hay una relación muy poderosa entre mente y cuerpo. Los pensamientos están relacionados con la mente (cerebro) y los sentimientos con el cuerpo. Cuando ya no somos conscientes de lo que pensamos, hacemos o sentimos, vivimos en la inconsciencia, nos dejamos llevar por los hábitos (vivimos en piloto automático).

El mayor hábito que debemos dejar es el de ser el mismo de siempre. Vivimos en el pasado porque el cuerpo está acostumbrado a memorizar los registros químicos de las experiencias pasadas que luego se apegan a las emocio-

nes. Y estas emociones luego serán desatadas por los sucesos pasados (recuerdos).

● **4. Ir más allá del tiempo.** Se ha escrito ampliamente
sobre la importancia de vivir el presente. En el presente es
donde existen simultáneamente todas la posibilidades en el
campo cuántico. Cuando estamos presentes, vivimos «el
momento». Pero cuando vivimos en el pasado, no existe
ninguna de estas nuevas posibilidades.

¿Por qué vivimos en el pasado? Porque el cuerpo está
acostumbrado a memorizar los registros químicos de las experiencias pasadas que luego se apegan a las emociones. Y
estas emociones son desatadas por recuerdos (pasado). Es
un ciclo difícil de romper.

● **5. Supervivencia frente a creación.** Nuestro estado
energético natural debería ser la creación (sentirse tranquilo, relajado, concentrado, etc.) sin embargo, vivimos en
constante estrés.

Si anticipamos o recordamos una experiencia que nos
produce una respuesta de estrés el cuerpo está existiendo en
el futuro o en el pasado. Si gastas toda tu energía en problemas pasados o futuros del mundo exterior te quedará poca
energía para tu mundo interior.

Vivimos activando el estrés de forma constante, esto
hace pensar a la mente que se encuentra en peligro. Cuando esto sucede, nos centramos en tres elementos: los Tres
Grandes.

¿Qué son Los Tres Grandes? El *cuerpo* («debo protegerlo»), el *entorno* («¿a dónde puedo ir para huir de la
amenaza?») y el *tiempo* («¿por cuánto tiempo debo evitar

la amenaza?»). Vivir en un estado permanente de supervivencia hace que nos centremos en el 00.00001% de la realidad, en vez de hacerlo en el 99,99999%

Para poder cambiar cualquier aspecto de tu vida, debes trascenderlo. Para poder controlar los Tres Grandes (cuerpo, entorno y tiempo), debes dejarlos atrás.

Tomar conciencia. Si quieres crear un nuevo yo, primero debes tomar conciencia. ¿Cómo?:

1. Por medio de la metacognición: que es el poder observar nuestros pensamientos. Podemos decidir cómo NO queremos seguir siendo. Allí donde pones la atención, pones la energía. Observa las ideas que tienes sobre la vida, sobre ti, sobre los demás.

2. Crear una mente nueva: Para este paso es bueno entrar en un estado de curiosidad. Hazte de forma frecuente las siguientes preguntas: ¿Cómo sería si...? ¿Cuál es la mejor forma de...? ¿Qué sucedería si yo fuera esta persona, viviendo esta realidad...? Las respuestas crearán una mente nueva, porque tu cerebro empieza a funcionar de distinta manera.

3. Haz que el pensamiento sea más real que ninguna otra cosa: aquí entras en un estado creativo, es decir, dejas de percibir los estímulos externos. ¿Cómo? (en el libro aparece en la parte 3).

TU CEREBRO Y LA MEDITACIÓN

● **6. Los tres cerebros: de pensar a actuar y a ser.** Un cambio conlleva a nuevas formas de pensar, actuar y ser. Pero se puede pasar de pensar a ser (sin pasar por la etapa de actuar), esto lo logra la meditación.

Para que nuestra vida cambie, primero debemos cambiar nuestros pensamientos y sentimientos, después, hacer algo para tener una nueva experiencia, la cual nos proporcionará un nuevo sentimiento y luego, memorizar ese sentimiento hasta que se convierta en un estado del ser (que sea parte de nosotros).

Disponemos de tres cerebros, que nos ayudarán a cambiar el hábito de ser el mismo de siempre.

1. Neocórtex: Cerebro pensante.
2. Cerebro medio límbico: emocional.
3. Cerebelo: sede en la mente subconsciente.

De pensar a actuar: El neocórtex procesa los conocimientos y luego nos anima a vivir lo aprendido. Nos permite aprender, recordar, analizar, crear... es donde se almacena la información sensorial, nos conecta con la realidad exterior. Su lema: «Los conocimientos son para la mente». Se ocupa de procesar las ideas que aún no has experimentado para que las apliques en el futuro.

El cerebro límbico produce sustancias químicas para ayudarte a recordar las experiencias. Ayuda a formar recuerdos a largo plazo. Puedes recordar mejor cualquier experiencia porque te acuerdas cómo te sentiste cuando ocurrió. Lema: «las experiencias son para el cuerpo».

En el cerebelo se almacenan los pensamientos, las actitudes y las conductas habituales. Es la parte más activa del cerebro, considéralo como un microprocesador y el centro de memoria del cerebro. Es la sede de los recuerdos no declarativos, significa que has hecho algo tantas veces que lo haces sin darte cuenta, es un acto tan automático que te cuesta declarar o describir cómo lo realizas.

Podemos crear un nuevo estado del ser antes de haber vivido la experiencia física, aquí es donde entra en juego la meditación. La meditación nos permite cambiar el cerebro, el cuerpo y nuestro estado del ser. Por medio de la meditación podemos instalar los «programas neurológicos» necesarios.

La meditación hace que el pensamiento se transforme en una experiencia. Entonces la experiencia generará un sentimiento, una emoción. Y tu cuerpo no distinguirá una situación que sucede en la realidad o en tus pensamientos.

Un nuevo estado del ser = una nueva personalidad = una nueva realidad personal.

● **7. El vacío.** Cuando memorizamos estados emocionales adictivos, como la culpabilidad, la vergüenza, la ira, el miedo, la ansiedad, el odio, entre otras, creamos un vacío entre quien aparentamos ser y quien somos en realidad. Lo primero es cómo queremos que los demás nos vean. Lo segundo es nuestro estado del ser cuando no estamos interactuando con las distintas experiencias, cosas y personas en diferentes momentos y lugares de nuestra vida.

El tamaño del vacío varía de una persona a otra. «Quién somos en realidad» y «quien aparentamos ser» están separados por los sentimientos memorizados en distintos momentos de nuestra vida. Cuanto más grande sea el vacío, más adictos somos a las emociones memorizadas.

El cambio (cerrar el espacio del vacío) debe empezar dentro de nosotros.

● **8. La meditación, la desmitificación de lo místico y las ondas de tu futuro.** ¿Cómo puedes ser más observador, romper los vínculos emocionales con el cuerpo, el entorno y el tiempo y cerrar el vacío? De nuevo la respuesta es sencilla: con la meditación.

Según el modelo de meditación con el que trabajarás, todo cuanto necesitas hacer es recordar quien NO quieres seguir siendo, hasta el punto de desactivar y desconectar tu antigua mente para que no siga enviando las mismas señales a los mismos genes.

Después debes contemplar a diario quién quieres ser. De este modo activarás y conectarás nuevos niveles mentales, con lo que entrenarás emocionalmente tu cuerpo para que se habitúe a esta mente nueva y surja de manera automática.

La meditación abre la puerta que separa la mente consciente de la subconsciente. Meditamos para entrar en el sistema operativo del subconsciente, donde residen todos los hábitos y conductas negativas, y cambiarlos por otros más provechosos que nos apoyen en la vida.

La mejor hora para meditar: temprano por la mañana y por la noche.

AVANZA HACIA TU NUEVO DESTINO

● **9. El proceso meditativo.** El objetivo principal de la meditación es dejar de poner atención en el entorno, el cuerpo y el paso del tiempo para fijarte en tus intenciones y pensamientos, en lugar de en todas las cosas exteriores. En el libro encontrarás todo lo necesario para ponerte en marcha si no estás acostumbrado a meditar. Empieza cada sesión con una inducción de 10-20 minutos. A medida que añadas pasos, ve alargando la sesión destinando 10-15 minutos a cada paso. Cuando domines tu meditación diaria te tomará entre 40-50 minutos.

● **10 Abre la puerta a tu estado creativo:**
Primera semana: «Estar presente». Siéntate con la columna bien erguida y cierra los ojos. A continuación, se explican dos formas de hacer la inducción:

Inducción partes del cuerpo: Aunque parezca contradictorio, esta técnica consiste en concentrarte en el cuerpo y el entorno.

Inducción del agua ascendiendo: Imagina que la habitación donde estás sentado se va llenando de agua poco a poco. El agua te empieza a cubrir los pies, las espinillas y las rodillas, luego te va llegando a la altura de tu regazo, el estómago y pecho, te cubre los brazos, cuello, barbilla, labios, cabeza, hasta que la habitación se llena de agua. (A algunas personas les resulta incómoda esta técnica)

Dedica unos 20 minutos a la inducción con cualquiera de las dos técnicas anteriores.

● **11. Segunda semana. «Deja de ser el mismo de siempre».** Aquí se describen los 4 pasos a seguir: reconoce, trabaja las emociones, admite y declara y entrégate.

1. Reconoce: Identifica el problema. Revisa tu vida cada día, hazte varias preguntas y escribe las respuestas: ¿Qué clase de persona he estado siendo?, ¿Qué clase de persona aparento ser ante el mundo?, ¿Qué clase de persona soy por dentro?, etc.

2. Trabajar las emociones. Elige un estado emocional negativo tuyo, un estado mental limitador, un hábito de ser el mismo de siempre que quieras eliminar y escríbela. Ejemplo de emociones: inseguridad, odio, vergüenza, tristeza, envidia, miedo, frustración... (al principio es importante trabajar con una sola emoción).

Observa la sensación que la emoción negativa te produce en el cuerpo y cierra los ojos. Observa tu cuerpo con la mente, advierte el área en la que sientes esta emoción y trabájala (...). Sé consciente de esta emoción en ti y siéntela como energía en tu cuerpo. Sigue todo el proceso.

3. *Admite y declara*. Admitir quién somos en realidad y los errores que hemos cometido y pedir ser aceptados es una de las cosas que más nos cuesta hacer. Es necesario entrar en una conciencia nueva, la conciencia de la intención y la energía del amor incondicional. A esta energía le es imposible juzgar, castigar, amenazar o prohibir nada a nadie. *Y Declara:* En esta parte de la meditación, mientras estás sentado con la espalda derecha y ojos cerrados, abre la boca y di en voz baja la emoción que estás declarando, por ejemplo: ira.

Haz que este paso sea sencillo, fácil y alegre. No analices demasiado lo que has hecho. Simplemente sé consciente de que la verdad te liberará.

4. *Entrégate*. Debes renunciar a lo que crees saber, sobre todo, debes renunciar a tus ideas de cómo resolver el problema. Cierra los ojos y empieza a familiarizarte con lo que deseas decir. Pide ayuda al universo y entrégale tu estado mental negativo, pídele que tome esa parte tuya y la reorganice en algo mejor. Algunas personas entregan una nota de lo que quieren abandonar en una caja o cruzan una puerta. Sólo imagina que te desprendes de ello. Lo que importa es tu intención. Finalmente, da las gracias por la realidad que se materializará en tu vida.

● **12. Tercera semana. Desmantela el recuerdo de tu antiguo yo**
5. *Observa y recuerda.* En este paso observas tu antiguo yo y recuerdas quién no quieres seguir siendo. Sé consciente de tus estados mentales habituales, conoce tus pensamientos y acciones derivados de tus antiguos sentimientos, para que los adviertas en la vida cotidiana. Detecta tus pensamientos automáticos limitadores como: «nunca encontraré trabajo», «nadie me escucha» «mi vida es así por su culpa»...
6. *Redirige.* Este paso te permite de una forma más consciente y racional recuperar el control para eliminar el hábito de ser el mismo de siempre.

● **13 Crea una mente nueva para tu nuevo futuro.**
7. *Crea y repasa.* Aquí aprenderás a crear tu nuevo yo y cómo realizar el repaso mental. Hasta el momento te has dedicado a eliminar las viejas conexiones sinápticas. Ha llegado la hora de generar otras nuevas para que la mente nueva que vas a crear sea la plataforma de la persona que serás en el futuro.
¿Cómo quiero pensar?
• ¿Cómo pensaría esta nueva persona (mi yo ideal) en la que quiero convertirme?
• ¿En qué pensamientos quiero invertir mi energía?
• ¿Cuál es mi nueva actitud?
¿Cómo quiero actuar?
• ¿Cómo me gustaría que actuara esta persona?
• ¿Qué es lo que ella haría?
¿Cómo me quiero sentir?
• ¿Qué es lo que sentiría si lo fuera?
• ¿Cómo sería mi energía según este nuevo ideal?

Ahora, tras haber estado reflexionando en tus respuestas, es hora de repasarlas. Repasa cómo pensarás, obrarás y sentirás cuando seas esta nueva persona.

La repetición refuerza los circuitos duraderos y activa genes nuevos para que al día siguiente vuelvas a hacerlo con más facilidad. El objetivo de este paso es reproducir el mismo estado del ser para que se vuelva más natural en ti.

Tu nueva personalidad debería producir una nueva realidad. En otras palabras, cuando estás siendo otra persona, tu vida ya no es la misma.

Por descontado, el proceso es rico en matices, en detalles, en dudas, retrocesos y avances que por razones de espacio no podemos ofreceros aquí.

Visualiza con claridad la imagen de cada manifestación durante varios segundos y luego deja que se vaya al campo cuántico para que una mente superior se ocupe de materializarla.

Y en último lugar, no intentes averiguar cómo, cuándo, dónde o con quién se materializará la realidad deseada. Deja todos los detalles en manos de una mente que sabe más que tú. Lo que has creado llegará de una forma impensada y sorprendente.

● **14 Demuéstralo y sé transparente: vive tu nueva realidad.** Demostrar que has cambiado significa que has memorizado un estado interior que es más fuerte que cualquier estímulo exterior.

Como las emociones se almacenan en el sistema de memoria del subconsciente, tu tarea consiste en mantener el cuerpo alineado con tu nueva mente para que nada de tu entorno te haga volver emocionalmente a la realidad de antes.

En resumen, demostrarlo es vivir «como si tus plegarias ya hubieran sido escuchadas». Es alegrarte por tu vida nueva con una mayor expectación y entusiasmo. Si mantienes este nuevo estado mental y físico a lo largo del día, algo distinto ocurrirá en tu vida.

¿Y qué clase de respuestas presenciarás en tu vida? Te llegarán sincronicidades, oportunidades, coincidencias, un estado de fluir, cambios espontáneos, una mejor salud, descubrimientos interiores, revelaciones, experiencias místicas y nuevas relaciones, por citar algunas.

Y lo más curioso es que cuando llegas a este espacio desde el cual puedes crear cualquier cosa, ya no necesitas nada, porque el estado de carencia y vacío desde el que deseabas más ha sido reemplazado por una profunda sensación de plenitud.

¿Podemos preguntar si hay en el cerebro algún elemento en el que apoyarnos? Sí que podemos. Vamos encontrar algunas respuestas en el siguiente capítulo.

CAPÍTULO 3

La glándula pineal
y el campo cuántico

«Lo que buscas te está buscando a ti.»
Rumi

«Tú eres más grande que tu cuerpo.»
Joe Dispenza

En 2013, un equipo de científicos franceses observó que las células de la glándula pineal en las ratas tienen características similares a las células fotoreceptoras de la retina, las que nos permiten ver. Observaron, en pocas palabras, que estas células son fotosensibles, reaccionan a la luz. Estaban encontrando conexiones con la luminosidad de las células, pero sobre todo, con un conocimiento humano que se remonta a varios miles de años.

La glándula pineal es este *fotorreceptor* que aparece en el epitálamo de casi todos los seres vertebrados. Y es precisamente este hecho, que la sitúa prácticamente en el centro del cerebro, lo que convierte en una empresa difícil, según los cientificistas, relacionarla con el Tercer Ojo, que la tradición sitúa en medio de nuestras dos cejas. Sin embargo, tanto si llamamos «tercer ojo» (en minúsculas en adelante) a la glándula pineal como si no, hay unas cuantas razones para hacerlo. Entre otras, por su ubicación —está realmente en el centro del cerebro— y su conexión con la luz, a través del ritmo circadiano y la secreción de melatonina.

Vamos a ver un poco más sobre la fascinante glándula pineal y su relación con el campo cuántico que trabaja Joe Dispenza y sobre la que presenta un amplio conocimiento y documentación en *Sobrenatural*.

¿Qué es la glándula pineal?

La ciencia describe la glándula pineal como una pequeña estructura ubicada en el techo del diencéfalo (entre los dos hemisferios cerebrales y el tronco del encéfalo), cuya función principal consiste en regular los ritmos circadianos, como el sueño-vigilia, o la secreción de melatonina: esa importante hormona antioxidante, oncostática (capaz de detener el cáncer) y geroprotectora (capaz de afectar la raíz del envejecimiento).

Todo en un grano de arroz. La glándula pineal alberga todavía abundantes misterios, tanto para la ciencia materialista como para el conocimiento espiritual. Hay que recordar que la glándula pineal es un agente cronobiótico, es decir, que sincroniza nuestro reloj interno con el ciclo luz-oscuridad. Ante la ausencia de luz, este pequeño órgano cerebral de solo 120 miligramos produce la hormona que nos conduce al mundo de los sueños: la melatonina.

Activación. Activar la glándula pineal es importante para la salud del organismo, porque refuerza el sistema inmunitario. Regula funciones endocrinas, los ritmos estacionales, el estrés, el rendimiento físico y hasta el estado de ánimo. A nivel básico, la activación de la glándula pineal es algo sencillo: acciones como tomar un baño o ducha caliente, o beber una tisana o bien unos minutos de lectura pueden ayudar a que se establezca cierta rutina que facilite la activación de la glándula pineal.

Pero cuando algo falla en ella, pueden aparecer dolores de cabeza, somnolencia y cambios en los movimientos de los ojos. El pineoblastoma (un tipo de cáncer que aparece en la glándula pineal) suele ser muy difícil de tratar; además, puede propagarse dentro del cerebro y en el líquido que lo rodea.

El tercer ojo. Lo interesante en la obra de Joe Dispenza es que hace una mirada más sutil, y práctica a la vez, sobre la glándula pineal, al considerarla como una puerta a nuestro universo interior. Este tercer ojo suele estar asociado con visiones de tipo espiritual o religioso, pero también con la clarividencia, con la percepción extrasensorial, con la capacidad de observar los chacras y el aura humana. También con la precognición y las experiencias extracorpóreas.

«**Abrir el tercer ojo**» mejora la cognición y la intuición, la «visión» interna, la imaginación, la empatía y la sabiduría, la claridad mental y el autoconocimiento, la memoria y la percepción sobrenatural. Puede darse una visión de realidades superiores más allá de la conciencia. No es casualidad que muchas tradiciones espirituales consideren que sirve como conexión entre el mundo físico y el mundo espiritual.

Muchas personas creen que la apertura del tercer ojo les va a permitir la contemplación de auras, espíritus y más cosas que no podemos ver con nuestros dos ojos biológicos. Las maravillas pueden darse, pero conviene recomendar calma y un poco más de meditación en silencio. En este caso, como explica el Dr. Dispenza, se trata de seguir los ejercicios que él propone y, en general, un estilo de vida que responde a su fascinante propuesta: «gente corriente haciendo cosas extraordinarias».

La salud y la glándula pineal. Conviene dormir en completa oscuridad. También la vitamina D es ideal para cuidar de esta glándula. La contaminación, y en especial el flúor, son muy perjudiciales para la glándula pineal. Para eliminar el exceso de flúor descartaremos los dentífricos que lo contengan y evitaremos el agua del grifo para cocinar. Y sobre todo conviene consumir fruta fresca (en especial, el tamarindo).

En caso de bloqueo de la glándula pineal se pueden llevar a cabo ejercicios de yoga, de relajación o actividades como escuchar música suave y/o tomar baños relajantes, así como ejercicios de visualización.

En cuanto a la comida, una dieta rica en alimentos como las verduras de hoja verde, el cacao crudo y los frutos secos (como las nueces y almendras crudas) proporcionará los nutrientes necesarios para apoyar su buen funcionamiento. Limitaremos además el consumo de alimentos procesados, el azúcar y la cafeína.

Podemos masajear la glándula pineal a través del chacra de la coronilla, con el que se asocia, aunque en realidad se sitúe detrás de la zona física relacionada con el tercer ojo, entre los dos hemisferios del cerebro. Al tocar suavemente el área entre las cejas con el dedo índice, el dedo medio o ambos a la vez, la estimularemos.

Un poco de anatomía, un poco de historia

Descrita en el siglo XVII como «el asiento principal del alma» por el filósofo René Descartes*, la singular glándula pineal es verdaderamente un prodigio del diseño humano. Se encuentra en un lugar privilegiado del cerebro, descansando solitaria en un pequeño mar de líquido cefalorraquídeo, custodiada por el corpus callosum y el cerebelo. A pesar de su pequeño tamaño, la glándula pineal se encuentra en el corazón del sistema nervioso central, conectada con casi todas las demás regiones del cerebro.

Melatonina. En 1958, Aaron Lerner y sus colegas de la Universidad de Yale descubrieron que la glándula pineal producía una hormona que llamaron melatonina, una sustancia química que ha demostrado influir en nuestros ritmos biológicos y el estado de ánimo. Cuando se trata de ajustar nuestros relojes internos y sincronizarnos con el ciclo natural del día y la noche, el director de la orquesta es la glándula pineal.

Mientras la mayoría de las estructuras cerebrales se presentan en pares —dos hemisferios cerebrales, dos amígdalas, dos lóbulos frontales— la glándula pineal se mantiene en su unicidad, funcionando como un verdadero «tercer ojo» que mira hacia adentro.

Lo del tercer ojo es bastante más que un simple término poético o esotérico. Al igual que nuestros ojos físicos, la glándula pineal es sensible a la luz. Y como hemos dicho, es responsable de regular nuestros ritmos circadianos, esos

---

* René Descartes, *Tratado del hombre*, 1662. Descartes sostiene que nuestra glándula pineal es el punto de contacto entre nuestro cuerpo y nuestra mente, el lugar donde nuestra conciencia interactúa con nuestro cuerpo físico.

patrones internos de sueño y vigilia que tan familiarmente experimentamos cada día.

Recordaremos, por otra parte, al astrónomo y matemático Johannes Kepler, que en su tratado *De Stella Nova* (1604) ya señalaba la analogía entre el ojo humano y la glándula pineal, dibujando paralelismos entre la física de la luz y las funciones cerebrales internas. Por ejemplo, además de la luz, nos solemos sentir más activos y vivos durante el verano y más retirados en el invierno. También la respuesta está nuestra pequeña, pero poderosa, glándula pineal.

Mundo antiguo... Mucho de lo que se sabe sobre la glándula pineal se basa en la investigación de los últimos años, pero ya en el mundo antiguo existía un entendimiento intuitivo de su importancia.

Hace unos 5.000 años, en las antiguas tradiciones espirituales de Egipto, la glándula pineal era simbolizada por el «Ojo de Horus», considerado un poderoso protector de la salud y también conocido como el «Ojo que todo lo ve». ¿Por qué los egipcios elegirían a la glándula pineal como representante de uno de sus dioses más venerados?

En la antigua Grecia encontramos a los filósofos neoplatónicos que hablaban de la glándula pineal como «el ojo del alma», y la veían como la puerta de entrada a la luz divina. ¿Qué sabían ellos, que nosotros hemos olvidado?

En la filosofía hindú, la glándula pineal está asociada con el sexto chacra, el *Ajna* o tercer ojo, considerado como el asiento de la intuición, la sabiduría y la clarividencia. ¿Por qué este diminuto órgano es visto como el faro que ilumina nuestro camino interior? Y Suami Sivananda, en *La Cien-*

cia del Pranayama (1935), nos habla de cómo la práctica yóguica puede despertar este poderoso centro energético.

También los taoístas chinos tenían un lugar especial para la glándula pineal. En su cosmología, la correspondencia se encuentra con el «Palacio de Cristal», un centro vital de energía y conciencia explicado en la actualidad por el maestro taoísta Mantak Chia (ver pág. 124).

...Y mundo moderno. La glándula pineal es uno de los primeros componentes del sistema endocrino que se forma en un embrión humano. Comienza a desarrollarse a los 49 días después de la concepción, según las investigaciones médicas. Es precisamente el mismo período de tiempo que según los antiguos textos budistas especifican como el punto en el que el «alma» entra en el feto en desarrollo. ¿Coincidencia? ¿Sincronicidad?

Richard Maurice Bucke, en *Cosmic Consciousness* (1901), habla de un despertar interior, un estado de conciencia más allá de lo ordinario, accesible a través de la activación de la glándula pineal. Como una llave que puede abrir la puerta a una nueva dimensión de la conciencia humana.

También David Jay Brown, en *Dreaming Wide Awake: Lucid Dreaming, Shamanic Healing and Psychedelics* (2016), habla en profundidad sobre cómo la glándula pineal puede desempeñar un papel en los sueños lúcidos (ver bibliografía), otro tema apasionante y liberador.

La glándula pineal aparece asimismo en la experiencia psicodélica y en la psicología humanista, a menudo relacionadas con las propuestas que hace Joe Dispenza como neurocientífico en *Supernatural*. Dispenza sostiene que, a través de la meditación, podemos influir en la glándula pineal para liberar neurotransmisores que nos permitan acceder a experiencias sobrenaturales, como los sueños lúcidos.

En *Lucid Dreaming: Gateway to the Inner Self* (2008), el especialista Robert Waggoner aborda las implicaciones filosóficas y psicológicas de los sueños lúcidos. Sugiere que este estado de conciencia puede proporcionar un acceso a niveles más profundos de nuestro ser.

El chacra Ajna y el sonido Om

En los textos sagrados hindúes, el chacra Ajna se describe como un loto de dos pétalos, representando los dos aspectos de la realidad, el material y el espiritual, y su interacción constante dentro de nosotros. Dentro de este loto reside *Hakini Shakti*, la diosa de la intuición y la sabiduría, simbolizando la capacidad de ver más allá de lo evidente, de discernir la verdad en medio de la ilusión. También ahí aparece el *Om* (*Aum*), el sonido primordial, el verbo que dio origen a la existencia, según la tradición hinduista. Representa la unión de lo físico con lo espiritual, la vibración que atraviesa todo el universo. Cada vez que entonamos este mantra sagrado, resonamos con el ritmo del cosmos, afinando la melodía del propio ser.

Existen estudios sobre ciertos sonidos relacionados con la estimulación de la glándula pineal. Se habla de la resonancia, del efecto Mozart y de cómo puede mejorar temporalmente la inteligencia espacial. De cómo las vibraciones afectan a nuestro cerebro y, específicamente, a la glándula pineal.

DMT. En un libro provocador, *DMT: The Spirit Molecule* (2000)*, El Dr. Rick Strassman, profesor de psiquiatría de la Universidad de Nuevo México propuso una teoría que podría cambiar la forma en que entendemos la realidad misma. ¿Puedes sentir cómo la electricidad chispea en el aire? Strassman observa que nuestra glándula pineal puede producir una sustancia llamada dimetiltriptamina, o DMT, un potente psicodélico que causa experiencias de gran alcance, descritas como místicas. Imaginemos, aunque solo sea por un momento, tener un universo de maravillas cósmicas justo dentro del propio cerebro, esperando ser desbloqueado.

La DMT es un compuesto interesante: mientras que algunas drogas, como el alcohol, pueden requerir horas para que sus efectos se desvanezcan, la DMT actúa y desaparece rápidamente, generalmente en cuestión de minutos. ¿Por qué? Porque nuestras propias enzimas, las monoamino oxidasas, son extremadamente eficientes al metabolizar la DMT. Pero aquí viene lo interesante: la glándula pineal parece contener todos los componentes necesarios para producir DMT y protegerlo de nuestras propias enzimas.

Todavía nadie puede confirmar si la glándula pineal es realmente una pequeña fábrica de DMT, se necesitan más estudios para ello, y para comprender completamente cómo actúa. Sin embargo, en 2013, un equipo de científicos chinos liderado por Jimo Borjigin publicó un estudio en la revista Journal of Pineal Research con hallazgos asombrosos. Demostraron, en la glándula pineal de los ratones, la presencia de DMT (aunque todavía no se ha podido demostrar en humanos).

* Hay edición en español: *DMT: La molécula espiritual.* Ed. ITI.

Calcificación. La glándula pineal tiene una propensión única a acumular depósitos de calcio, (es la «arenilla cerebral»). Pues bien, la ciencia* ha encontrado una conexión intrigante entre esta calcificación y la enfermedad de Alzheimer. En un estudio realizado por Mahlberg y colegas en 2008, se descubrió que los pacientes con Alzheimer tenían significativamente más calcificaciones en la glándula pineal que aquellos sin la enfermedad. Así pues, ¿podría haber alguna relación entre la salud de nuestra glándula pineal y nuestra capacidad para mantener nuestra memoria y agudeza mental a medida que envejecemos?

En 2019, un equipo de científicos de la Universidad de Michigan (EE.UU.) publicó un estudio que revelaba una red de conexiones entre la glándula pineal y varias regiones del cerebro implicadas en funciones como la regulación del sueño y la consciencia. En el estudio se presentaba por primera vez la actividad de la glándula pineal, «hablando» con otras partes de nuestro cerebro.

Serotonina. Cuando somos felices, sentimos como si pudiéramos conquistar el mundo y por el contrario, cuando nos sentimos tristes, parece que todo es gris. Joe Dispenza también ha investigado el papel de la glándula pineal en la producción de serotonina, un neurotransmisor muy relacionado con el control de las emociones y el estado de ánimo: la «molécula de la felicidad». Si tenemos bajos niveles de serotonina es fácil que aparezcan trastornos como

---

* Mahlberg, R., Walther, S., Kalus, P., Bohner, G., Haedel, S., Reischies, F.M., et al. (2008) *Pineal Calcification in Alzheimer's Disease An in Vivo Study Using Computed tomography*. Neurobiology of Aging, 29, 203-209.

El campo cuántico

El campo cuántico (o unificado), tal como lo explica Joe Dispenza, es un campo invisible de energía e información —también podríamos decir «de inteligencia y consciencia»—que existe más allá del espacio y el tiempo. Allí no cabe nada físico ni material. Es ajeno a cualquier cosa que puedas percibir con los sentidos. Este campo unificado de energía e información gobierna las leyes de la naturaleza.

Cuando estamos en el universo cuántico existimos tan sólo como presencia o consciencia: específicamente, una consciencia que observa o presta atención a una región de infinitas posibilidades contenidas en una consciencia todavía mayor y que vibran a un nivel de energía superior.

Totas las posibilidades

En este espacio vasto e infinito de consciencia no hay cuerpos, no hay personas ni materia, ni lugares ni tiempo. En vez de eso, un sinnúmero de posibilidades existen en forma de energía. Así que, en el instante en que piensas en circunstancias conocidas de tu vida regresas a esta realidad tridimensional de espacio y tiempo. Si eres capaz de concentrarre en lo que ya conoces, obtendrás más de lo mismo. En cambio, si te fijas en lo desconocido, creas posibilidad.

la depresión, la ansiedad y los trastornos del sueño. De ahí su importancia para nuestra salud y, sobre todo, nuestro bienestar.

Otro neurocientífico, el Dr. Richard Wurtman* detalló en 1995 cómo la producción de serotonina en el cerebro puede ser influenciada por diversos factores, incluyendo la luz y la dieta, dos elementos clave en la función de la glándula pineal. Además, Wurtman observó que en la alimentación, la ingesta de carbohidratos puede influir en la producción de serotonina (junto con el triptófano, el zinc, el magnesio y los ácidos grasos Omega-3). Este descubrimiento resalta la importancia de un estilo de vida dietéticamente saludable.

Solar. Y finalmente, el sol. Imaginemos a una persona meditando, profundamente enfocada en la activación de su glándula pineal, en medio de la naturaleza, bajo la luz solar natural. La luz solar activa la glándula pineal, favorece la producción de serotonina y DMT y eleva el estado de ánimo. No es de extrañar que, a menudo, al cabo de un rato podamos experimentar una sensación de profunda paz y alegría, acompañada de vívidas visiones brillantes.

Junto a las prácticas y los ejercicios que propone Dispenza (ver pág. 103) aparecen más consejos sobre la glándula pineal. Pero antes vamos a ver cómo nos invita a descubrir el poder de la mente mirando en nuestro interior, en *El placebo eres tú*, otro de sus libros.

---

* Dr. Richard J. Wurtman, *"Brain serotonin, carbohydrate-craving, obesity and depression"*. National Institutes of Health. Ed. Wiley.

CAPÍTULO 4

El placebo eres tú

«Nosotros mismos creamos situaciones que satisfagan
los antojos bioquímicos de las células de nuestro cuerpo».
Joe Dispenza

Para descubrir el poder de la mente

Joe Dispenza nos invita a mirar en nuestro interior, a través de la meditación, para conectar con nuestro subconsciente y con lo que él denomina inteligencia superior, que nos da vida, nos cuida y nos protege. Considera que dicha inteligencia puede crear casi 100 billones de células especializadas.

Su premisa esencial: el cuerpo cree lo que le dice la mente. Por eso, el efecto placebo es científico y real. También existe el efecto nocebo, el contrario, que resulta perjudicial y dañino.

Dispenza, después de un accidente que le lesionó con gravedad la columna (ver pág. 12), proyectó un plan que le resultó fructífero. A través de la meditación y con la mente aquietada, buscaba conectar con esa inteligencia superior y le encomendaba una acción cada día, sin dejar en su cabeza ningún pensamiento que no quisiera tener. Nadie puede dudar de que existe una conexión cuerpo-mente: «Cuanto más sepas lo que estás haciendo y por qué lo haces, mejores resultados conseguirás».

Actitud

Joe Dispenza recoge testimonios de pacientes e investigadores y concluye: la principal cualidad para sobrevivir a una enfermedad considerada incurable es mantener un espíritu optimista y luchador, una vez que conocemos las posibilidades actuales de nuestra mente. Tu personalidad (tu modo de pensar, actuar y sentir) crea tu realidad personal. Cuando repites un pensamiento positivo y lo unes también a una emoción de alegría, lo refuerzas. Los pensamientos son el lenguaje del cerebro y los sentimientos, el del cuerpo. Imaginar una y otra vez el futuro deseado y unirlo a una emoción de alegría o gratitud.

Se citan casos graves de cáncer con resultados asombrosos, gracias a la actitud. «Es importante que el cáncer te dé una segunda oportunidad. Por desdicha, a veces el padecimiento te supera sin que puedas hacer nada, pese a la lucha positiva emprendida. En mi experiencia, la actitud puede ayudar a mejorar en un 50%. Tan agresivos pueden ser los cánceres como los tratamientos de quimioterapia. Yo conjugo, sin renunciar a nada, la medicina convencional y la natural con mi actitud mental. Como estrategia de actuación, observo mi propio cuerpo, como guía orientador, al que no puedo dejar sin defensas, y el análisis de los resultados obtenidos.»

«Me veo caminar acariciado por la luz del sol o de las estrellas, con una sonrisa ancha, sin penas, ni dolor, ni enfermedad, con una paz y una serenidad que empapan todo mi ser. Inteligencia superior, conciencia espiritual, dios, destino, universo: sana mis dolencias. Indaga en el maravilloso arsenal de mi organismo y yo interpretaré tus señales. Sé que con mi actitud mejoraré.

Mientras tanto, paciencia y gratitud. Soy paciente y luchador. Mi vida es una carrera de fondo, con caídas y tropiezos. Pese a los escollos, veo la luz al final, soy un superviviente.»

Manual de instrucciones «milagrosas» posibles

El placebo eres tú es un auténtico manual de instrucciones para provocar milagros en tu cuerpo, en tu salud y en tu vida. La mente no solo es capaz de transformar la experiencia, sino también de influir en la materia: tomando el control del pensamiento y las emociones podemos reprogramar nuestras células; poseemos la maquinaria biológica y neurológica necesaria para hacerlo. Esta es la premisa de este libro de Dispenza.

Un placebo es una sustancia sin ningún poder farmacológico que, sin embargo, provoca un efecto positivo en el paciente. ¿Qué pasaría —se pregunta— si las personas creyeran en sí mismas en vez de confiar en algo externo?

Apoyándose en los últimos hallazgos científicos, Dispenza nos ofrece infinidad de ejemplos de las posibilidades de la mente para provocar cambios. Y lo que es más interesante: nos enseña a utilizar la denominada «ciencia de la transformación» para ejercer nuestra capacidad innata de creación en nuestro cuerpo y en nuestra vida.

Los médicos lo experimentan mucho más a menudo de lo que parece, —¡casi a diario!. Sustancias sin ningún poder

Placebo

La palabra 'placebo' proviene del latín y significa 'dar placer'; es el término usado para denominar a una sustancia que carece de acción terapéutica, pero que produce efectos favorables en una persona enferma. Este efecto comenzó a estudiarse en fechas relativamente recientes, una vez que el cirujano británico Henry Baker publicara un artículo en 1955 explicando sus cirugías aplicadas con éxito aplicando una solución salina en soldados durante la Segunda Guerra Mundial y que despertó un gran interés.

Dichos estudios demostraron que, al tomar el placebo, los pacientes fabricaban sus propias endorfinas. Eso significó que el alivio experimentado no era sólo mental sino también físico. Demostró que el cuerpo tiene la capacidad de crear sustancias químicas que pueden curarnos cuando tomamos un placebo y se activa en los mismos circuitos que si tomáramos un medicamento.

Nuestra memoria puede asociar el efecto con un cambio interno que ya ha experimentado, enviando señales al cuerpo para que elabore las mismas sustancias químicas que contiene el fármaco real. El placebo funciona porque aceptamos el nuevo pensamiento de poder curarnos y luego lo usamos para reemplazar la idea de que siempre estaremos enfermos. Es decir, podemos cambiar nuestros pensamientos al dejar de creer inconscientemente que nuestro futuro repetirá los sucesos del pasado.

Precisamente el gran cambio que propone el Dr. Dispenza es precisamente que nos demos cuenta de esos procesos, para poder cambiarlos.

farmacológico, que conocemos como placebos, y que provocan cambios radicales y duraderos en el paciente. Sucede así, afirma Dispenza, porque los pensamientos y emociones modelan constantemente el cerebro, el cuerpo e incluso las mismas células. Basta creer que es posible para que el «milagro» empiece a desencadenarse. Cambiando tu estado interno puede cambiar tu realidad externa. En *El placebo eres tú* te enseña a reprogramar tu cerebro y tu organismo para que seas capaz de ejercer tu capacidad innata de creación. Un poderoso enfoque que se perfila ya como una realidad.

LOS CAPÍTULOS DE *EL PLACEBO ERES TÚ*

1. ¿Es posible? Describe varias historias increíbles que demuestran el gran poder de la mente humana. Algunas tienen que ver con personas que se curaron con sus propios pensamientos, y otras con personas que enfermaron a causa de ellos, incluso algunos murieron. En sí habla del poder que tiene la mente y de lo que puede llegar a ser: puede ser incluso más eficaz que la misma medicina.

2. Breve historia sobre el placebo. Aborda desde los descubrimientos científicos de la década de 1970, cuando un médico usó imanes para inducir lo que él creía que eran convulsiones terapéuticas, hasta la época moderna, a medida que los neurocientíficos van resolviendo los diferentes misterios sobre las complejidades del funcionamiento de la mente.

Habla por ejemplo de unos investigadores de Japón especializados en psicoinmunología, que al reemplazar las hojas de hiedra venenosa por hojas inocentes, descubrieron que los participantes del estudio reaccionaban más a lo que les decían que iban a sentir que a lo que realmente sentían.

Y también sobre cómo el doctor Herbert Benson, un investigador de Harvard, redujo los factores de riesgo de los pacientes con cardiopatías al descubrir los efectos de la meditación trascendental. Y de los buenos resultados que tiene el tomar placebos en vez de fármacos en unos pacientes con intestino irritable.

3. El efecto placebo en el cerebro. Presenta la fisiología de lo que sucede en el cerebro cuando se experimenta el efecto placebo. ¿Por qué tenemos que analizar nuestros pensamientos? Porque si pensamos como siempre seremos como siempre y tendremos las mismas decisiones, si creemos ser como somos, seguiremos siendo los mismos, si tenemos las mismas expectativas no veremos más allá, y los sentimientos generados a partir de la forma de vida debido a las mismas actuaciones por los pensamientos repetitivos siempre serán los mismos. La clave está en cambiar nuestro actual proceso de pensamiento, que es lo más poderoso, y aprender a ver las cosas diferentes para así cambiar en lo demás.

4. El efecto placebo en el cuerpo. En el siguiente paso de la fisiología de la respuesta placebo aparece la historia de un grupo de ancianos que asistieron a un retiro de una semana de duración con un equipo de científicos de Harvard. Les pidieron que aparentaran tener veinte años menos, y al terminar el retiro los participantes del estudio habían experimentado numerosos cambios fisiológicos, haciendo retroceder el reloj biológico de su cuerpo. Y comenta el secreto de cómo lo hicieron.

Describe qué son los genes y cómo se activan y desactivan en el cuerpo, cómo la relativamente nueva y excitante ciencia de la epigenética ha arrasado la idea de la vieja escuela de que los genes determinan el destino, al enseñarnos que la mente puede ordenar a genes nuevos a comportarse de formas nuevas. Los complejos mecanismos del cuerpo para activar algunos genes y desactivar otros, lo cual significa que no estamos condenados a expresar cualquier gen heredado. Es decir, podemos aprender a cambiar nuestras rutas neuronales para seleccionar genes nuevos y producir cambios físicos reales. También cómo nuestro cuerpo recurre a las células madre para crear células sanas en las zonas en las que estaban dañadas dichas células.

5. ¿Cómo los pensamientos cambian el cerebro y el cuerpo? Podemos preguntarnos si al cambiar el entorno enviamos señales a genes nuevos de nuevas formas, y si es posible hacer lo mismo antes de que el entorno cambie. Describe cómo usar la técnica del repaso mental para combinar una intención clara con una emoción elevada; así el cuerpo saborea la situación futura que se desea y la experimenta en el presente, antes de que haya ocurrido.

El secreto está en hacer que nuestros pensamientos interiores sean más reales que el entorno exterior, porque como el cerebro no sabe distinguir lo uno de lo otro, cambiará al creer que ya ha ocurrido lo que se deseaba. Si esto se logra cambiará la forma de vida, ya que el cerebro actuará creyendo que lo que se deseaba ya se materializó. Entonces podremos vivir esta nueva realidad y convertirnos en el placebo. Y describe cómo ocurre, científicamente, con historias de figuras públicas de distintas profesiones y condiciones sociales que usaron esta técnica para que lo que deseaban se materializara.

6. Sugestionabilidad. Demuestra que no todas las personas tienen el mismo grado de sugestionabilidad y que cuanto más sugestionable sea, con más facilidad se podrá entrar en su subconsciente. Este es el secreto para entender el efecto placebo, porque la mente consciente no es más que un 5% de quienes somos. El 95% restante está formado por una serie de estados programados subconscientes en los que el cuerpo se ha convertido en mente.

Explica que debemos ir más allá de la mente analítica y entrar en el sistema operativo de los programas subconscientes si queremos que nuestros pensamientos nuevos creen nuevos resultados y cambiar así nuestro destino genético, y también que la meditación es una poderosa herramienta para lograrlo. Concluye con una explicación sobre los distintos estados de ondas cerebrales y con cuales se vuelve más sugestionable.

7. Actitudes, creencias y percepciones. Habla de cómo todas ellas cambian el estado del ser y crean la personalidad (y de cómo se pueden cambiar para crear una realidad nueva). Describe el poder de las creencias inconscientes con que se tendrá la oportunidad de identificar las creencias que se ha estado albergando sin saberlo. También cómo el entorno y los recuerdos asociativos pueden impedir cambiarlas. Explica, con mucho detalle, cómo cambiar las creencias y percepciones: se debe combinar una intención clara con una emoción elevada que condicione al cuerpo a creer que ya ha ocurrido la posibilidad futura que se eligió del campo cuántico.

8. La mente cuántica. El universo cuántico, el mundo imprevisible de la materia y la energía, los elementos de los que se componen los átomos y las moléculas de todo cuanto existe en el universo, están compuestos más de energía (que parece como si fuera espacio vacío) que de materia. En este momento presente ya existen todas las posibilidades y es el secreto para curarnos con el efecto placebo, porque permite elegir un nuevo futuro y observarlo haciéndose realidad.

9. Tres historias de transformación personal. Describe a tres personas que participaron de unos talleres que afirmaron haber obtenido unos resultados asombrosos al usar estas mismas técnicas para que su salud mejorara. Los relatos son realmente interesantes.

10. Información para la transformación: la prueba de que el placebo eres tú. Cuenta otras excelentes historias sobre algunos participantes de los talleres de meditación y de los escáneres cerebrales que se les realizaron. Habla de Michelle, que se curó de la enfermedad de Parkinson, y de John, un parapléjico que se levantó de su silla de ruedas después de una meditación.

También de cómo Kathy, una directora ejecutiva que llevaba una vida trepidante aprendió a encontrar el presente y cómo Bonnie se curó a sí misma de sus fibromas y de su excesivo sangrado menstrual.

Y por último habla de Genevieve, que se sumerge en unos estados meditativos tan gozosos que llora de alegría y de María, cuya experiencia solo puede describirse como un «orgasmo cerebral». También muestra la información que el equipo de científicos reunió de los escáneres cerebrales de estas personas para ver los cambios que se presenciaron en tiempo real en los talleres.

Lo mejor de esta información es que demuestra que no se necesita ser un monje o una monja, un científico o un líder espiritual para arremeter semejantes hazañas. Ni tampoco tener un doctorado o una titulación médica. Las personas de este libro son gente común y corriente. Podemos ver cómo esas personas aprendieron y aplicaron aquello para realizar estas hazañas.

11. Preparativos para la meditación. Considera la meditación como una forma de tomar un placebo diario, pero reemplazando los medicamentos con adentrarse en su interior con la misma fe que se le tiene a los medicamentos. Y se presentan unos consejos para una buena meditación.

12. Meditación para cambiar las creencias y percepciones. Instrucciones paso a paso para aplicar las técnicas meditativas de los talleres, las mismas que permitieron a los participantes crear los asombrosos resultados que se describen. «Es una alegría poder decir que, aunque no tengamos aún todas las respuestas para manejar el poder del efecto placebo, en la actualidad, personas de toda índole están usando estas ideas en este mismo instante para producir cambios extraordinarios en su vida, la clase de cambios que muchas otras considerarían prácticamente imposibles. Las técnicas de este libro no sirven solo para curarnos de una enfermedad, sino también para mejorar cualquier aspecto de la vida», afirma Dispenza.

¿Podemos dar un paso más? Vamos a verlo en el siguiente capítulo: «Sobrenatural».

CAPÍTULO 5

Sobrenatural

«La mejor manera de predecir el futuro es crearlo».
J OE D ISPENZA

Personas normales haciendo cosas extraordinarias

La idea de realizar todo el potencial que albergamos en un nuevo plano, en un nuevo nivel, no es nueva. Lo original es el trabajo tan singular, sobresaliente, que el Dr. Dispenza ha llevado a cabo para crear un manual para el cuerpo y el cerebro humanos actualizado a este siglo XXI. En él combina su vasta experiencia con estudios de casos muy convincentes, investigaciones científicas emocionantes y los ejercicios que sus estudiantes han usado para esos logros extraordinarios. Las personas que piensen que lo de convertirse en un ser sobrenatural podría parecer como una promesa un poco exagerada, podrán comprobar en esta obra que todo puede a ir más allá de sus expectativas.

Antes de empezar. Los preparativos para un viaje sobrenatural

Va a ser el propio Dr. Dispenza que nos va a introducir en este viaje a sus enseñanzas, a través de las conferencias y cursos que ofrece y que recogemos en este capítulo. Joe Dispenza es consciente de que se trata de un tema arriesgado, para él y para su reputación, porque hay personas —incluidos algunos miembros de la comunidad científica— que pueden calificar su trabajo de pseudociencia, sobre todo después de la publicación del libro*.

Este es su relato, narrado por él mismo:

Ceguera cientificista. «Hace un tiempo, las críticas negativas me producían un gran desasosiego. Al principio de mi carrera escribía siempre teniendo muy presentes a los escépticos e intentaba asegurarme de que aprobaran mis obras. Por alguna razón me parecía importante que esa comunidad me aceptara. Un día, sin embargo, mientras pronunciaba una conferencia en Londres, una mujer pidió el micrófono para contar cómo había vencido la enfermedad —cómo se había curado gracias a los ejercicios que yo proponía en otros libros— y experimenté una revelación.

Comprendí con una claridad diáfana que los científicos más obstinados y escépticos, los mismos que se aferran a sus ideas sobre lo que es posible y lo que no, jamás aprobarían mi trabajo hiciera lo que hiciese. Cuando asumí esa realidad supe que había estado desperdiciando buena parte de mi energía vital. A partir de entonces dejé de preocuparme por convencer a una gente en particular —especialmente a

---

* *Sobrenatural.* Joe Dispenza. Ed. Urano.

esa que estudia lo *normal* y natural— del verdadero alcance del potencial humano.

A mí me apasionaba todo salvo lo convencional, y quería estudiar lo sobrenatural. Tuve muy claro que debía renunciar a tanto esfuerzo inútil por convencer a esa comunidad y dedicar, en cambio, mis energías a una parte de la población totalmente distinta, esa que sí cree en la posibilidad y tiene ganas de escuchar lo que yo puedo compartir.

Cuando acepté esa idea y renuncié al empeño de persuadir al mundo de los escépticos, experimenté un alivio inmenso. He llegado a un punto de mi vida en que las críticas no me afectan —y sin duda tengo mis defectos—, porque ahora sé, con más certeza que nunca, que mi contribución transforma la vida de los demás. Lo digo con absoluta humildad. He dedicado años y años a estudiar complejos conceptos científicos y transformarlos en información sencilla para que las personas puedan aplicarlos de manera práctica a su devenir diario.

De hecho, a lo largo de los últimos cuatro años, mi equipo de investigadores y yo nos hemos dedicado largo y tendido a calcular, registrar y analizar científicamente transformaciones biológicas para demostrar al mundo que las personas normales pueden protagonizar hechos extraordinarios.

Se trata de algo más que de superar la enfermedad, aunque incluye historias de personas que han protagonizado cambios significativos en el plano de la salud e incluso han revertido patologías, mediante las herramientas que tú mismo necesitas para hacer lo propio. Esos logros se están convirtiendo en moneda frecuente en nuestra comunidad de estudiantes.»

Un cambio singular. Ahora bien, las propuestas de Dispenza se desmarcan totalmente de lo convencional. Buena parte del mundo lo desconoce o no alcanza a entenderlo. Su libro se basa en una evolución de aprendizajes y prácticas anteriores que han culminado en ejercicios de índole mística, que permiten a los participantes de los talleres internarse en territorios más profundos, con la esperanza «de tender un puente entre el mundo de la ciencia y el de la mística.»

A lo largo de los años, Dispenza ha protagonizado «experiencias místicas de enorme riqueza que me han transformado para siempre. Esos acontecimientos internos me han llevado a ser la persona que soy hoy. Quiero transportarte a ti también a ese mundo de múltiples dimensiones y mostrarte algunas de las valoraciones que hemos registrado y de las investigaciones que llevamos a cabo en talleres avanzados a lo largo y ancho de este mundo.»

Dispenza comenzó a medir los parámetros de los participantes «porque estábamos presenciando cambios importantes en su salud, y yo sabía que sus organismos se transformaban significativamente durante los ejercicios de meditación, en tiempo real. Hemos efectuado miles y miles de escáneres cerebrales para demostrar que esos cambios no son meras fantasías creadas por la mente, sino que se reflejan en el cerebro.

Muchos de los alumnos sometidos a observación han experimentado esos cambios en el transcurso de cuatro días, que es la duración de nuestros talleres avanzados. Los equipos de científicos que nos acompañan han recurrido a electroencefalogramas cuantitativos (EGC) para obtener registros antes y después de los talleres así como en tiempo real durante las meditaciones y las prácticas. Las transformaciones eran tan espectaculares que no sólo me sorprendieron; me impactaron profundamente.»

Cuando lo extraordinario se convierte en algo normal. «A finales de 2013 empezó a suceder algo muy misterioso. Los escáneres cerebrales ofrecían unos registros que sumían en la perplejidad a los investigadores y los neurocientíficos que acudían a nuestros talleres para observar mi trabajo. La acumulación de energía que se apreciaba en el cerebro de los participantes mientras llevaban a cabo ciertas meditaciones no tenía parangón en ninguna investigación anterior. Y sin embargo, esas lecturas desmesuradas se repetían una y otra vez.

Cuando entrevistábamos a los protagonistas, testimoniaban experiencias subjetivas de tipo místico, pero también muy reales, que, o bien transformaban por completo su forma de entender el mundo, o bien mejoraban espectacularmente su salud. Comprendí que los participantes estaban viviendo experiencias trascendentales en el entorno interior de la meditación más reales que nada de lo que hubieran experimentado en el mundo físico y externo. Y estábamos captando esas experiencias subjetivas mediante instrumentos objetivos.

Hoy en día vivimos ese fenómeno con normalidad y, de hecho, a menudo somos capaces de predecir cuándo se producirán esas descargas de energía en el cerebro a partir de ciertos indicadores y signos que llevamos años constatando.»

En su obra Dispenza desmitifica lo que implica «vivir una experiencia interdimensional, así como explicar la ciencia, la biología y la química de órganos, sistemas y neurotransmisores que la hacen posible.» Su intención es que las informaciones que ofrece puedan convertirse en un auténtico «mapa de ruta para crear esa misma experiencia.».

Ciencia y cientificismo

En la actualidad los científicos son poco dados a valorar una ciencia incomprensible para ellos, y a menudo la califican con desdén de *pseudociencia*. No es de extrañar encontrarnos, —en medicina, por ejemplo— con que la milenaria acupuntura y la centenaria homeopatía se califiquen alegremente de pseudociencias —así aparecen en Wikipedia— por esos cientificistas recalcitrantes. Existen, por desgracia, bastantes más ejemplos.

Todo ello es una muestra de ignorancia, que en estos momentos está creciendo tanto como el juego de intereses materiales de quienes los patrocinan. En la salud, las trampas que llevan a cabo y los beneficiarios económicos que las protagonizan —no solo empresas farmacéuticas— aparecen con claridad, Pero no tanto en otras disciplinas, todas ellas relacionadas con los patrocinadores del llamado Nuevo Orden Mundial (NOM)

¿Puede empeorar? Sí: en estos momentos, algunos argumentos falseados como «científicos» no admiten debate. Es el caso de una inoculación experimental masiva bajo el nombre de vacuna.

El debate y la concurrencia de criterios han sido fundamentales en la ciencia de verdad. Hasta hoy, con la aparición de «verdades científicas» que necesitan soporte jurídico-policial para sostenerse.

En 1927, las mentes más prodigiosas de la física se reunieron a discutir sobre fotones y electrones y sentaron las bases de la física cuántica. No todos estaban de acuerdo en todo, por supuesto.

Pero hay un antes y un después de aquella célebre quinta conferencia patrocinada por Solvay. Hoy aquel gran avance solo sería posible en algunos aspectos, aquellos que no pongan en peligro el mundo que nos preparan desde arriba.

Esperanza en las neurociencias. Por eso es tan importante la excelente labor de autores como Joe Dispenza, porque lucha para mostrar, con pruebas científicas, grandes aspectos de la mente y la conciencia relacionados con la actividad cerebral. Por suerte no está solo en esta tarea: muchas más personas dedicadas a las neurociencias apoyan y refuerzan, en la práctica, el valor de este trabajo.

Han registrado, por ejemplo, cambios sorprendentes en la variabilidad del ritmo cardiaco (HRV, del inglés *heart rate variability*). Cuando se producen, «sabemos que el corazón del alumno se ha abierto y que alberga emociones elevadas tales como gratitud, inspiración, alegría, bondad, reconocimiento y compasión; todo lo cual lleva a su corazón a latir de manera coherente; a saber, con ritmo, orden y equilibrio. Sabemos que se requiere una intención clara (un cerebro coherente) y una emoción elevada (un corazón coherente) para cambiar la propia anatomía. (...) Esa combinación de cuerpo y mente —de pensamientos y sentimientos— también parece influir en la materia. Es así como creamos la realidad.»

«Transformar sentimientos y pensamientos por dentro genera cambios por fuera también. Cuando observamos que esos cambios se han producido, prestamos atención a lo que estamos haciendo con el fin de repetirlo. Ese gesto acaba por crear un hábito constructivo. Al demostrarte cómo otras personas logran esa clase de hazañas, pretendo mostrarte lo poderoso que puedes llegar a ser.» Y sus seguidores son capaces de influir en el sistema nervioso autónomo (SNA), para mantener la salud y el equilibrio del organismo, ocupándose automáticamente de las funciones vitales mientras llevamos a cabo nuestras actividades cotidianas.

«También hemos enseñado a los participantes que, cuando generamos coherencia cardiaca, el corazón crea un campo magnético mensurable que se proyecta más allá del cuerpo. Ese campo magnético está hecho de energía, que a su vez es frecuencia, y toda frecuencia acarrea información. La información que transporta esa frecuencia puede ser un propósito o pensamiento capaz de influir en el corazón de otra persona alejada en el espacio, que entrará también en un estado de coherencia y equilibrio.»

Y se dan fenómenos como el de la influencia de un grupo de personas reunidas en una sala con otras personas ubicadas a cierta distancia, en la misma sala, cuyos corazones entrarán en coherencia en el mismo momento exacto. «Todas las pruebas indican que estamos unidos por un campo invisible de luz e información que nos influye mutuamente.»

En modo supervivencia. Cuando funcionamos en modo de supervivencia, soportando una fuerte carga de hormonas del estrés (como la adrenalina), absorbemos energía de ese campo invisible para convertirla en compuestos químicos; y, al hacerlo, el campo que rodea nuestro cuerpo disminuye. Dispenza y su equipo han descubierto un instrumento muy sofisticado que es capaz de medir la emisión de fotones (partículas de luz) para determinar si el campo de luz que envuelve a una persona está creciendo o menguando. Cuanta más luz, más energía y, por tanto, más fuerza vital. Cuando una persona proyecta poca luz e información, la materia se incrementa y emite menos energía vital.

La investigación extensiva demuestra que las células corporales y los diversos sistemas no solo se comunican a través de las interacciones químicas que conocemos, sino también a través de un campo de energía coherente (luz) que transporta un mensaje (información), a partir del cual el entorno interno y externo de la célula envía señales a otras células y sistemas biológicos.

Han registrado la cantidad de energía vital que emite el cuerpo de los alumnos como resultado de los cambios internos favorecidos por la meditación. «Pueden verse las mejoras que experimentan en el transcurso de cuatro días o incluso menos». Además del corazón, el sistema nervioso autónomo controla otros centros energéticos del organismo. Cada uno de estos centros posee su propia frecuencia, su propia intención o consciencia, sus propias glándulas, hormonas y química interna, su propio cerebro individual y mente particular.

En los talleres avanzados, Dispenza propone modificar nuestro propio estado interno a través de cuatro tipos distintos de meditación. Con cada una aprenden a convertirse en personas distintas.

Ondas cerebrales. Es posible influir en esos centros para que funcionen de manera más equilibrada e integrada, pero antes hay que aprender a modificar las ondas cerebrales para poder penetrar en el sistema operativo subconsciente.

De hecho, «la clave radica en sustituir las ondas cerebrales beta (las que aparecen cuando el cerebro analiza constantemente y se centra en el mundo exterior) por ondas alfa (esas que se producen cuando nos encontramos en un estado de paz, prestando atención al mundo interior). Cuando apaciguamos de forma consciente las ondas cerebrales, estamos en mejores condiciones de programar el sistema nervioso autónomo.»

Esta es una brevísima descripción de los capítulos del libro:

1. Tres historias para comprender qué implica ser sobrenatural. En el primer relato conocerás a una mujer llamada Anna que padecía varias enfermedades graves a consecuencia de un trauma que la mantenía anclada al pasado. Las emociones provocadas por el estrés dispararon sus genes y las hormonas correspondientes provocaron dolencias muy complicadas para ella. «Es un relato muy duro. Lo he escogido a propósito para demostrarte que, por mal que pinten las cosas, tienes el poder de transformarlas, tal como hizo esa mujer increíble. El libro trata tanto de misticismo como de sanar y generar oportunidades inéditas en la vida. Comparto estas historias porque quiero demostrar las proezas que podemos llevar a cabo cuando abandonamos el ámbito del espacio-tiempo (el mundo newtoniano del que nos hablaron en clase de ciencias del instituto) y activamos la glándula pineal, que nos permite desplazarnos al reino del tiempo-espacio (el mundo cuántico).»

La segunda parte del libro ahonda en la física, la neurociencia, la neuroendocrinología e incluso la genética de estas vivencias místicas.

2. Todas las posibilidades de la quinta dimensión conocida como cuanto (o campo unificado) existen ya en el presente eterno. Por eso el único modo de crear una nueva vida, sanar el cuerpo o cambiar el futuro previsible es trascenderse a uno mismo. Se habla de funciones cerebrales (es decir, de la mente), de células y redes nerviosas, de distintas partes del sistema nervioso, componentes químicos, emociones y estrés, ondas cerebrales, atención, energía y otros temas necesarios para que podamos llegar al destino. «Tengo que sentar las bases del lenguaje para explicarte por qué hacemos lo que hacemos antes de enseñarte cómo ponerlo en práctica con ayuda de las meditaciones que irás encontrando.»

3. Introducción al mundo cuántico: la quinta dimensión. Existe un campo invisible de energía e información más allá de este ámbito tridimensional de espacio y tiempo. Y podemos acceder a él. «De hecho, una vez que estás en el momento presente y entras en este plano, existente más allá de los sentidos físicos, estás listo para crear la realidad que deseas. Cuando consigas despegar totalmente la atención de tu propio cuerpo, de las personas que forman parte de tu vida, de tus pertenencias, de los lugares que frecuentas e incluso del mismísimo tiempo, olvidarás literalmente la identidad que has forjado mientras vivías como un cuerpo en este espacio-tiempo. En ese momento accederás, como pura consciencia, al reino que conocemos como campo cuántico y que existe más allá de este espacio-tiempo. Y te mostraré cómo funciona.»

A partir de ahí, cada uno de los capítulos termina incluyendo breves descripciones de distintas meditaciones.

Se puede acceder a ellas en la página web de Joe Dispenza, o bien grabar las del libro, e incluso adaptarlas. Se trata de una herramienta realmente fabulosa.

4. Introducción a una de las meditaciones favoritas, la «bendición de los centros de energía». Todos ellos están controlados por el sistema nervioso autónomo. Conocerás las bases científicas de un proceso que consiste en programar esos centros para mejorar la salud y disfrutar del bienestar general a través de la meditación.

5. Respiración. Dispenza enseña a realizar un tipo de respiración con la que inicia muchas de sus meditaciones. Es una forma de respirar que permite transformar la energía, crear una corriente eléctrica a través del cuerpo y generar un campo electromagnético más poderoso a nuestro alrededor. La mayoría de personas almacenan la energía en el cuerpo porque a base de pensar, actuar y sentir del mismo modo durante muchos años han acabado por trasladar la mente al organismo. «Este proceso —relacionado con una vida en modo de supervivencia— provoca que buena parte de la energía creativa acabe enraizada en el cuerpo. De ahí que debamos encontrar el modo de arrancar esa energía y devolverla al cerebro, donde podrá ser utilizada para un propósito más trascendente que la mera supervivencia.»

6. Algunos ejemplos de participantes que han puesto en práctica las meditaciones propuestas en capítulos anteriores. Podemos considerarlos como una herramienta para comprender mejor todo el material que se nos propone hasta ahora. Casi todos los protagonistas de esos relatos son personas comunes y corrientes que han logrado cosas extraordinarias.

7. Generar coherencia cardiaca. Igual que sucede en el cerebro, el corazón funciona de manera organizada cuando estamos totalmente presentes, cuando somos capaces de mantener estados emocionales elevados y cuando nos sentimos tan seguros como para abrirnos plenamente a la posibilidad. «El cerebro piensa, pero el corazón sabe. Constituye el centro de la unidad, de la plenitud y de la consciencia integrada.»

8. «Películas mentales». Es decir, combinar un calidoscopio con un tipo de vídeos que los alumnos crean sobre su porvenir. «Empleamos el calidoscopio para inducirlos a un estado de trance, porque cuando estás en trance eres más sugestionable. La sugestionabilidad nos lleva a aceptar, creer y asimilar información sin analizarla. Mediante la técnica correcta, esta capacidad nos permite programar la mente subconsciente.» Se trata de transformar las ondas cerebrales con los ojos abiertos, en lugar de cerrados como en la meditación. «Algunos de nuestros alumnos van por su tercera película, porque todo lo que imaginaron en las dos anteriores ya ha sucedido.»

9, 10, 11. Cómo llevar a cabo la meditación en movimiento, que incluye una parte permaneciendo de pie y otra caminando. Es una herramienta especialmente útil para encaminarse, literalmente, al mañana.

También hay otra serie de casos que ayudan a incrementar nuestra comprensión a través de la alegoría. Historias fascinantes para conectar los puntos, la información y vivencias de otras personas desde otra perspectiva.

Y las importantes posibilidades que ofrece el mundo interdimensional, más allá de los sentidos. En momentos de tranquilidad, la mente tiende a divagar por territorios místicos, uno de los ámbitos favoritos de Dispenza. Se aborda este ámbito hecho de espacio-tiempo —donde el espacio es eterno y experimentamos el tiempo según nos desplazamos por el espacio— a otro constituido por el tiempo-espacio —donde el tiempo es eterno y experimentamos el espacio (o los espacios, o las distintas dimensiones) según nos movemos por el tiempo—.

12. La glándula pineal. La encontraréis comentada en los capítulos 3 y 7 de este mismo libro. En *Supernatural*, Dispenza también enseña a activarla.

13, 14. Proyecto Coherencia. «Cuando constatamos que un gran número de participantes en los talleres habían entrado en coherencia cardiaca el mismo día, en el mismo momento exacto, durante la misma meditación, comprendimos que los seres humanos nos influimos mutuamente de manera no local (energéticamente, en oposición a físicamente). La energía que emitían sus emociones más elevadas transportaba buenas intenciones a toda la concurrencia de la sala. Imagina una gran cantidad de gente elevando su energía y luego proyectando la intención de que esa energía se enriquezca, que los organismos se regeneren, los sueños se cumplan y las experiencias místicas se conviertan en algo habitual en nuestras vidas.»

CAPÍTULO 6

Los centros de energía

«Tú tienes una capacidad sobrenatural para crear un nuevo futuro», afirma el Dr. Dispenza en *Rewired*, la serie de 13 capítulos para conocer y comprender cómo funciona tu cerebro y sus partes, y para aprender cómo nos afecta a lo que pensamos, hacemos y experimentamos. La encontraréis en la plataforma Gaia, y también en vídeos, con el curso completo en Internet.

El primer centro de energía

Localización: en la zona de tus órganos sexuales.

Gobierna: tu perineo, piso pélvico, glándulas sexuales, vejiga, ano y próstata en los hombres.

Hormonas: estrógeno y progesterona en mujeres y testosterona en hombres.

Relación: reproducción, procreación, eliminación, sexualidad e identidad sexual.

Activado/equilibrio: energía creativa fluye fácilmente y conectada con tu identidad sexual.

El segundo centro de energía

Localización: detrás y ligeramente por debajo de su ombligo.

Gobierna: ovarios, útero, colon, páncreas, espalda baja.

Relación: tiene que ver con el consumo, la digestión, la eliminación y la descomposición de los alimentos en energía, incluidas las enzimas digestivas y los jugos. También está relacionado con redes y estructuras sociales, relaciones, sistemas de apoyo, familia, culturas y relaciones interpersonales.

Activado/equilibrio: se siente seguro y protegido en su entorno y en el mundo.

El tercer centro de energía

Localización: boca del estómago.

Gobierna: el estómago, el intestino delgado, el bazo, el hígado, la vesícula biliar, las suprarrenales y los riñones.

Hormonas: adrenalina y cortisol, así como enzimas hepáticas y estomacales.

Relación: está asociado con nuestra fuerza de voluntad, la importancia personal, el control, el impulso, la agresión, el dominio, el poder competitivo y la intención dirigida.

Activado/equilibrio: usa su voluntad y su impulso para superar su entorno y las condiciones de su vida.

El cuarto centro de energía

Localización: uUbicado detrás del esternón.

Gobierna: el corazón, los pulmones y el timo.

Hormonas: hormona del crecimiento y la oxitocina, así como una cascada de sustancias químicas que estimulan la salud del sistema inmunológico.

Relación: está asociado con las emociones del amor y el cuidado, la crianza, la compasión, la gratitud, la inspiración, la integridad y la confianza.

Activado/equilibrio: nos preocupamos por los demás, sentimos un amor genuino por la vida, nos sentimos completos y estamos satisfechos con quienes somos.

El quinto centro de energía

Localización: en el centro de tu garganta.

Gobierna: la tiroides, la paratiroides, las glándulas salivales y los tejidos del cuello.

Hormonas: hormonas tiroideas T3 y T4, las sustancias químicas paratiroideas.

Relación: está asociado con expresar el amor que sentiste en el cuarto centro, así como con decir tu verdad y empoderar personalmente tu realidad a través del lenguaje y el sonido.

Activado/equilibrio: te sientes tan satisfecho contigo mismo y con la vida que tienes que compartirlo.

El sexto centro de energía

Localización: ubicado en el espacio entre la parte posterior de la garganta y la parte posterior de la cabeza.

Gobierna: gobierna la glándula pineal.

Relación: está asociado con la puerta a dimensiones superiores.

Activado/equilibrio: cuando este centro está abierto, es como una antena de radio, que puede usar para sintonizar frecuencias más altas más allá de los cinco sentidos. Donde el alquimista en ti despierta. Además su cerebro funciona de manera clara, estás lúcido, más consciente de tu mundo interior y exterior, viendo y percibiendo más cada día.

El séptimo centro de energía

Localización: centro de su cabeza e incluye la glándula pituitaria.

Gobierna: gobierna y crea armonía desde este centro hasta sus glándulas sexuales.

Relación: este es el centro del cuerpo donde experimentas tu mayor expresión de divinidad, tu nivel más alto de conciencia.

Activado/equilibrio: estás en armonía con todas las cosas.

El octavo centro de energía

Localización: 40 centímetros por encima de la cabeza.

Relación: el único centro de energía que no está asociado con un área del cuerpo físico. Representa tu conexión con el cosmos, el universo, el todo.

Activado/equilibrio: cuando se activa, te sientes digno de recibir, y eso te abre a percepciones, epifanías, comprensión profunda y descargas creativas de frecuencia e información que provienen del cosmos, del campo unificado.

CAPÍTULO 7

¿¡Y tú qué sabes!?

De la película a la serie*

Los textos que siguen son una adaptación de los contenidos de la película *¡¡Y tú qué sabes!?* (2004), que convertiría en populares a personas relacionadas con la realidad y la física cuántica*, entre las que destacaba Joe Dispenza, que se convirtió en alguien muy conocido tras este film.

Una curiosidad

El film parte de una curiosidad, que en español le daría finalmente el título: «Dado que solo somos conscientes de **2.000 bits** de información de los **400.000 millones de bits** de información que procesamos cada segundo...

---

* La serie *Rewired* («*Recableado*») contiene, ordenada, una buena parte de los cursos de Joe Dispenza (la encontraréis en DVD, Gaia y Prime).
** Fred Alan Wolf, Ramtha, Dean Radin, Jeffrey Satinover, Candace Pert, John Hagelin, Ervin Laszlo, Andrew Newberg, Stuart Hameroff, David Albert, Amit Goswami y William Tiller. Dos años después apareció la continuación (*Dentro de la madriguera*), que es en realidad una versión extendida con algunos temas que no aparecían en la primera versión.

Cuando alegamos razones en contra del conocimiento nuevo... ¿Cuánta conciencia nuestra está esgrimiendo esas razones? ¿Cómo podemos saber todo acerca de todo lo que no sabemos?

No deja de ser curioso que la humanidad haya explorado el fondo del océano y las lunas de los planetas y haya creado toda clase de tecnología asombrosa y, sin embargo, todo lo relativo al cerebro siga aún envuelto en el misterio. Los científicos se ven forzados a introducir en sus modelos teóricos los efectos cuánticos, la teoría de la complejidad y los modelos holográficos, con el fin de explicar cosas básicas como la percepción, la consciencia y la memoria.

No es sorprendente. Se calcula que hay más conexiones posibles en un cerebro humano que átomos en todo el universo. Su funcionamiento es increíble, incluso el de un cerebro pequeño. Se estima que el superordenador más potente tardaría días en resolver cómo puede posarse un pájaro sobre una rama en el viento, si es que lograra hallar la solución. Puede que sea un problema irresoluble hablando en términos de informática; no obstante, el cerebro de los pájaros lo hace constantemente y en nada de tiempo.

EL CEREBRO Y LAS EMOCIONES

¿Un holograma de luz?
Los modelos tradicionales todavía comparan el cerebro con una centralita telefónica o con un superordenador. Pero esas comparaciones evocan la imagen de un armatoste con aspecto de máquina y el cerebro no es así; es un órgano

Datos asombrosos sobre el cerebro

• El cerebro todavía mucho más rápido que el superordenador más veloz del mundo (decenas de veces más rápido), según un último estudio.
• El cerebro contiene tantas neuronas como estrellas hay en la Vía Láctea, unos cien mil millones.
• El número de sinapsis en la corteza cerebral es de 60 billones.
• Un trocito del cerebro del tamaño de un grano de arena contiene cien mil neuronas y mil millones de sinapsis.
• El cerebro está siempre funcionando, nunca se apaga y ni siquiera descansa en toda nuestra vida.
• El cerebro se reestructura continuamente a lo largo de la vida.

muy vivo, plástico y flexible, capaz de aprender, de comprender y de reestructurarse dinámicamente en función de nuestras exigencias.

Aunque a la ciencia le falta mucho todavía para entender el alcance total de la capacidad cerebral, ya se conocen muchas cosas. Sabemos que el cerebro es la estructura más compleja del planeta y, por tanto, del universo conocido. Dirige y regula todas las actividades corporales, desde el ritmo cardiaco, la temperatura, la digestión o el funcionamiento sexual, hasta el aprendizaje, la memoria y las emociones. Y aunque no sabemos muy bien cómo funciona, lo que sí sabemos responde a muchas preguntas relativas a por qué hacemos lo que hacemos.

Lo que sigue es una versión simplificada de la estructura y del procesamiento del cerebro. Su estudio es un área sumamente fascinante. Lo que comentamos aquí es sólo lo básico que necesitamos saber para entender cómo interactúa esa estructura con nuestra experiencia diaria del mundo y de nosotros mismos.

Neuronas y circuitos neuronales

Cada neurona tiene entre mil y diez mil sinapsis o puntos donde se conectan con otras neuronas. El cerebro unos cien mil millones de estas diminutas células nerviosas.

Las neuronas utilizan las conexiones para formar redes entre ellas. Estas células nerviosas combinadas o conectadas forman lo que se llaman redes o circuitos neuronales. Para que te hagas una idea, cada circuito neuronal representa un pensamiento, un recuerdo, una habilidad, un dato, etc.

Sin embargo, los circuitos neuronales no están aislados. Están todos interconectados y la interconexión entre ellos es lo que construye ideas, recuerdos y emociones complejas. Por ejemplo: el circuito de «manzana» no es una simple red de neuronas. Es una red mucho mayor que se conecta con otras redes, como los circuitos de «rojo», «fruta», «redondo», «riquísimo», etc.

Todos tenemos nuestra propia colección de experiencias y habilidades representada en los circuitos neuronales del cerebro.

Como dice el doctor Dispenza, todas esas experiencias conforman, neurológicamente, la estructura de lo que tiene lugar en nuestra percepción y en nuestro mundo; cuando nos llegan estímulos de nuestro entorno, «determinadas partes de los circuitos neuronales se van a pulsar o a activarse y van a provocar cambios químicos en el cerebro».

Esos cambios químicos, a su vez, producen reacciones emocionales, distorsionan nuestras percepciones y condicionan nuestras respuestas ante la gente y ante los acontecimientos de nuestra vida.

Las células nerviosas que se activan a la vez se interconectan

Ésta es una regla fundamental de la neurociencia. Si se hace una cosa una vez, un conjunto de neuronas sueltas formará una red en respuesta, pero si esa conducta no se repite, no «dejará una profunda huella» en el cerebro. Cuando se practica algo una y otra vez, las células nerviosas crean una conexión cada vez más fuerte entre ellas y se hace cada vez más fácil activar esa red.

Si se sigue pulsando el botón de repetición de los circuitos neuronales, los hábitos se fijarán cada vez más sólidamente y serán difíciles de cambiar. Cuando una conexión se usa una y otra vez, se fortalece y se consolida; es como forjarse un camino a través de la hierba alta a fuerza de andar y andar sobre ella. Puede ser ventajoso (se llama aprendizaje) pero también puede dificultar la alteración de un modelo de conducta no deseado. Por suerte, también se da el caso opuesto: las células nerviosas que no se activan a la vez dejan de interconectarse. Pierden la larga relación que tenían.

Cada vez que interrumpimos un proceso mental o físico que se refleja en una red neuronal, las células nerviosas y los grupos de células que están conectadas entre sí empiezan a romper su comunicación. Las finísimas dendritas o prolongaciones del cuerpo celular que se conectan con otras células, se desenganchan y quedan libres para reengancharse con otras células nerviosas, permitiendo así que desaparezcan viejas pautas y formando otras nuevas en potencia. Hay decenas de ejemplos de ello.

Aprendizaje

En el aprendizaje el cerebro combina esencialmente circuitos neuronales para formar otros nuevos. En el ejemplo de la manzana de la peli, no hay meramente un simple circuito de «manzana», sino que «manzana» se unía con los circuitos de redondo, rojo y demás. Aprender de verdad es construir estructuras nuevas sobre la base de estructuras previas.

Al examinar de nuevo ideas y creencias esenciales, podemos repasar todas las relaciones y encontrar suposiciones sepultadas que nos provocan reacciones a través del proceso que llamamos «memoria asociativa». Y cambia la vida.

Hipotálamo. Hay una función importante relacionada con el cerebro que conviene repasar. Las emociones son, en parte, circuitos neuronales, que están conectados con un pequeño órgano del cerebro, el hipotálamo. El hipotálamo toma las proteínas y las sintetiza convirtiéndolas en neuropéptidos o neurohormonas. Y las hormonas, como se sabe, preparan el cuerpo para la acción. Si nos cruzáramos con un tigre hambriento, el hipotálamo segregaría sustancias químicas para conseguir que el cuerpo esté preparado para correr. La sangre abandonaría el cerebro y la parte central del cuerpo y se dirigiría hacia las extremidades.

Las emociones evalúan rápidamente la situación, de hecho sin que lo pensemos siquiera, y mandan a los men-

Memoria asociativa. Las emociones

Con más conexiones neuronales posibles que átomos hay en el universo, el cerebro tiene un gran problema: cómo encontrar un recuerdo. Si el clásico tigre de la selva se cruzara en tu camino, o se te abalanzara la tía Rosie con aspecto de estar un poco bebida, ¿cómo encontraría el cerebro el recuerdo correcto rápidamente? Las emociones le ayudan.

Las emociones, que son en sí mismas y en parte circuitos neuronales, están conectadas con todos los demás circuitos neuronales. Esas conexiones permiten que el cerebro encuentre en primer lugar los recuerdos más importantes. También aseguran que no se olvide rápidamente algo importante, como no meter la mano en el horno, por ejemplo. Por eso todo el mundo recuerda dónde estaban o qué estaban haciendo cuando se enteraron de que el 11 de septiembre las Torres Gemelas de Nueva York se venían abajo.

sajeros químicos para pelear o huir, para sonreír o fruncir el ceño.

El inconveniente de la memoria asociativa es que, como percibimos la realidad y tratamos las experiencias nuevas basándonos en nuestra base de datos mentales / neuronales almacenados del pasado, nos resulta difícil ver qué es lo que hay ahí fuera en ese momento. Podemos crear un día perpetuo, como en la película *Atrapado en el tiempo*, donde un día tras otro siempre pasa lo mismo.

Repetirnos menos. ¿A quién le pasaría siempre lo mismo? ¿Quién reaccionaría ante situaciones basadas en el pasado? El grupo de circuitos neuronales tremendamente unificado que hemos estado llamando «personalidad». Al igual que todas las células del cuerpo se interrelacionan para producir un organismo que funciona, las redes neuronales (y con ellas las emociones, los recuerdos, conceptos y actitudes, todo codificado) se interrelacionan, o se asocian, para producir lo que conocemos como nuestra personalidad.

Esto nos permite entender por qué un cerebro inflexible da lugar a una personalidad inflexible, invariable y rígida. La personalidad puede cambiar de preferir un té a un café, pero ese cambio no produce realmente un cambio de personalidad. Hay un millón de redes que permanecen igual, de modo que la suma de todas ellas sigue siendo «tú». Por eso el cerebro fue creado para llevar a un espíritu encarnado en él hasta alcanzar la iluminación, y por eso viene equipado con la neuroplasticidad.

Neuroplasticidad

El personaje de Bill Murray en *Atrapado en el tiempo* cambia finalmente la conducta que le mantiene atrapado; bien, pues todo el mundo tiene esa opción. Es posible romper la interconexión de los circuitos neuronales del cerebro, cambiar de hábitos y ganar libertad. La clave está en la capacidad natural del cerebro para formar conexiones nuevas. Neuroplasticidad es la capacidad del cerebro para establecer esas conexiones nuevas. En otras palabras, para que las neuronas se conecten con otras neuronas.

Si antes se creía que en la adolescencia el cerebro ya estaba bien equipado para la vida, hoy sabemos no sólo que el cerebro es muy plástico y maleable incluso en la ancianidad, sino también que crea células nuevas. Y tenemos un potencial enorme para cambiar conductas y fórmulas en las que hemos caído.

El sistema nervioso tiene una plasticidad (capacidad de cambio) tremenda. Creer que nuestro crecimiento se detiene en la adolescencia es tener, en palabras de John Hagelin, «una visión primitiva del potencial humano».

Estamos destinados, planeados y concebidos para evolucionar en creatividad e inteligencia a lo largo de la vida; ahora bien, para lograrlo, tenemos que acceder a la capacidad innata del cerebro, y la herramienta o la llave para desarrollar realmente el cerebro en términos holísticos es la experimentación de la realidad holística, el estado meditativo, lo que conocemos como «experiencia espiritual».

El lóbulo frontal y la elección libre

El factor principal que distingue a los seres humanos de todas las demás especies es nuestro gran lóbulo frontal y su proporción con respecto al resto del cerebro. El lóbulo frontal es el área del cerebro que nos capacita para centrar la atención y para concentrarnos. Es fundamental para la toma de decisiones y para mantener un propósito firme. Nos capacita para extraer información de nuestro entorno y de nuestro almacén de recuerdos, para procesarla y para tomar decisiones o hacer elecciones distintas a las que hemos tomado o hecho en el pasado.

Muchas elecciones, sin embargo, distan mucho de ser libres. Gran parte de nuestra conducta está formada por respuestas condicionadas a estímulos, respuestas que pueden ser aprendidas o automáticas.

«El lóbulo frontal toma la información que hemos elaborado a lo largo de la vida a través de la experiencia y de datos intelectuales objetivos, y dice "entiendo ese circuito neuronal" y "entiendo este otro circuito neuronal", pero ¿qué pasaría si cogiera esos dos circuitos y combinara esos dos conceptos para construir un modelo nuevo, un ideal nuevo, una pauta nueva?

La consciencia se mueve por todo el cerebro y lo utiliza para examinar sus opciones y posibilidades». En vez de que el cerebro tenga el piloto automático puesto y nos conduzca, nosotros empezamos a utilizar el cerebro. La consciencia empieza a tener dominio sobre el cuerpo.

La consciencia, el observador, la intención y el libre albedrío

Recordaremos, como en la película, que en el mundo cuántico: (proceso 1) nos proponíamos hacer una pregunta sobre la realidad, entonces (proceso 2) surgían las posibilidades y (proceso 3) la observación las desintegraba y transformaba en una elección definida. Lo que dice el doctor Dispenza es que es posible desintegrar la elección y transformarla en una vida nueva:

«Quizá sólo somos malos observadores. Quizá no dominamos el arte de la observación y tal vez sea un arte. Puede que seamos tan adictos al mundo externo y al estímulo y respuesta del mundo externo que el cerebro empieza a trabajar a partir de la respuesta en vez de a partir de la creación. Si se nos ha dado el conocimiento adecuado y el entendimiento adecuado y tuviéramos la instrucción adecuada, deberíamos empezar a ver resultados medibles en nuestras vidas».

SENTIMIENTOS, EMOCIONES

¿Cómo te sientes? Las herramientas para el cambio y la transformación están trabajando... Y el «cómo te sientes» sobre ello determinará finalmente qué herramientas utilizarás y cuáles permanecerán guardadas.

¿Existiría el rock and roll sin emociones? ¿Existirías tú? Pensemos en todo lo que no existiría si no hubiese emociones. ¿Te reirías o sonreirías alguna vez si no existiesen las emociones? Probablemente no. ¡Y ni siquiera te importaría!

¿Misticismo o bioquímica?

¿Qué es exactamente una emoción? ¿Una propiedad mística e indefinible de la experiencia, o algo más concreto y tangible? Siempre se había dicho, en teoría, que las células tenían «receptores» alrededor de la pared exterior de la célula, donde se «descargaban» las sustancias químicas. La teoría sostenía que la estructura química de la droga era lo que le permitía acoplarse a dichos receptores, pero nadie hasta entonces había sido capaz de encontrar los receptores propiamente dichos. La psicóloga e investigadora Candace Pert encontró los receptores opiáceos alineados en la pared de la célula. Este descubrimiento cambió el aspecto de la biología. «Una vez que realmente encontramos esos receptores, comenzamos a pensar: ¿por qué los pondría Dios en el cerebro si no fuera para que desempeñaran alguna otra función?

Después de meditar durante unos segundos, mucha gente en todo el mundo empezó a pensar que tendría que haber una sustancia natural que se fabricase en el cerebro. Bueno, pues unos tres años después del descubrimiento de los receptores opiáceos, un equipo escocés descubrió que el cerebro fabrica neuropéptidos llamados endorfinas, y que se conocen también como el subidón de los corredores. Son nuestros propios opiáceos generados internamente.

Siguieron más investigaciones y los péptidos comenzaron a aparecer por todas partes. La doctora Pert apunta: «En mi laboratorio en el NIH, empecé a elaborar esquemas de receptores de cualquier péptido que alguien hubiera descubierto en cualquier sistema biológico. Y en efecto, siempre que buscaba unos receptores, encontrábamos otros... Hicimos un montón de esquemas detallados de receptores y conseguimos descubrir no sólo receptores opiáceos, sino también otros péptidos, y se encontraban en aquellas partes del cerebro donde se pensaba que se transmitían las emociones». Tras el descubrimiento, los científicos comenzaron a mirar los receptores y los péptidos con ojos completamente nuevos, como «moléculas de la emoción».

Esas sustancias químicas, o neuropéptidos, o moléculas de la emoción (MOE), constituyen una cadena de aminoácidos formada por proteínas y se elaboran en el hipotálamo. «El hipotálamo —explica el Joe Dispenza— es como una pequeña fábrica donde se producen ciertas sustancias químicas que se corresponden con ciertas emociones que experimentamos». Esto significa que cada emoción lleva asociada una sustancia química (MOE), y la absorción corporal de dicha sustancia por parte de las células es lo que suscita el sentimiento de emoción.

Placer/dolor

Los investigadores no sólo descubrieron que las moléculas de la emoción se corresponden con las emociones, sino que las encontraron incluso en criaturas unicelulares. Candace Pert descubrió las mismas moléculas idénticas en la criatura unicelular más simple, lo que muestra que el placer es muy básico. «Fuimos diseñados para funcionar con placer. Creo que somos adictos al placer y que nuestro cerebro está programado para grabar el placer y buscar el placer. Ése es el objetivo final: encontrar placer y evitar el dolor. Y eso es lo que dirige la evolución humana.

La conexión de las moléculas de la emoción con lo que percibimos y experimentamos es muy directa. Por ejemplo: la parte del cerebro que controla el movimiento rápido de los ojos y decide qué enfocar está recubierta de receptores opiáceos.

«Prestamos atención a lo que es importante, y lo que es importante o muy significativo para nosotros, las moléculas de emoción lo transmiten al cuerpo por vía química y con mucha rapidez. Con el tiempo, una multitud de ideas, actitudes y recuerdos han recubierto ese botón tan simple del placer/dolor. Y aunque hay un largo trecho en la evolución desde la ameba que busca alimento hasta los encajes franceses, las emociones tuvieron que ser instaladas en el cuerpo de manera apremiante para resolver escenas de supervivencia rápidamente.»

¿Qué problema hay con las emociones?

La misma belleza de la fórmula estímulo/respuesta es la cosa misma que parece que nos atrapa. En lugar de evaluar una experiencia realmente nueva desde una perspectiva nueva, tendemos a suponer que es una experiencia que ya tuvimos anteriormente. Cuando los mismos acontecimientos químicos se repiten una y otra vez, el resultado es una historia emocional acumulativa. Esa historia va acompañada de pautas identificables y de respuestas predecibles que se nos insertan o «anquilosan» en el cerebro. Eso significa que nuestras pautas y respuestas se repiten sin que tengamos que pensar en ellas: estímulo-respuesta-estímulo- respuesta-estímulo-respuesta.

El mecanismo del camino más corto para sobrevivir se convierte en una trampa siempre en el mismo punto, una y otra vez. Otra engañifa son las emociones ocultas, soterradas y reprimidas... que ya no caben aquí.

De la supervivencia a la rutina insustancial. Las emociones nos ayudan a sobrevivir proporcionándonos una referencia, como un rayo que hace que encajen todas las piezas del rompecabezas, antes incluso de que las conozcas todas. Ir por la vida con emociones te hace sentir la genuina experiencia de estar vivo, de sentir, de amar, de odiar, de vivir. Sin ellas, la vida sería aburrida. Son las especias de la sopa (cuántica), el color de la puesta de sol.

Nos proporcionan mucho más que la mera supervivencia. Contribuyen a la evolución en constante desarrollo. Esto es la evolución, no en el sentido corporal, sino en el sentido espiritual, no-físico.

El alma. Por eso Dispenza, tras hablar del cerebro y de las emociones, nos explica cómo caemos en la adicción a rutinas que nos perjudican y, sobre todo, nos enseña a salir de ellas de forma brillante, didáctica, y, sobre todo, práctica.

Y se atreve a definir el alma y, en parte, hasta el sentido de nuestro paso por este planeta: «Bueno, no sabría definir el alma desde un punto de vista científico, pero diré que se trata del registro de todas las experiencias que poseemos emocionalmente. Y lo que no poseemos emocionalmente, lo volvemos a experimentar continuamente en esta realidad, todas las otras realidades, en esta vida, todas las otras vidas. De esa manera no llegamos a evolucionar. Si experimentamos una y otra vez la misma emoción y nunca la jubilamos convirtiéndola en sabiduría, nunca evolucionaremos como personas dotadas de alma.»

«Pero no estamos inspirados. No tenemos la ambición o el deseo de ser algo más que el producto de las sustancias químicas de nuestro cuerpo físico que nos mantienen en la rueda del vivir nuestro destino genético.

Una persona con alma supera su destino genético, la reacción de su cuerpo, el entorno, su propensión emocional. Piénsalo. Si quieres evolucionar como persona, escoge una limitación tuya que conozcas y actúa conscientemente para cambiar tus propensiones. Ganarás algo. Sabiduría.»

Los sellos del cambio

La adicción a tu vida común es una inhibición.
¿Sabes lo que significa? Significa que te inhibe
y te impide salir del atolladero.
RAMTHA

Tiene sentido que la irritación, el dolor, nos haga cambiar. Las emociones placenteras o agradables no irritan. Son las otras, las que reprimimos, o sobrellevamos, o convertimos en sabiduría, las que nos llenan de conocimiento vital y nos hacen saber quiénes somos. (¿Quién soy yo?). Y más aún. Ramtha pregunta a menudo a sus alumnos cuándo fue la última vez que estuvieron en éxtasis, o que tuvieron un orgasmo, en el séptimo sello: Todos estamos familiarizados con lo del éxtasis en relación con el sexo (primer sello), la supervivencia (segundo sello) y el poder (tercer sello), pero ¿qué hay de las experiencias en centros superiores? Una comprensión nueva y profunda, un ¡ajá! revelador, corresponde al éxtasis del sexto sello y también libera endorfinas. La experiencia de la consciencia cósmica, la conexión última e íntima con lo divino, es un orgasmo del séptimo sello. El amor pleno e incondicional es una de las características del cuarto sello.

Según esta enseñanza nunca llegamos a esas dimensiones, pues la mayor parte del tiempo la humanidad está atascada en los tres primeros sellos: sexo, supervivencia y poder. Y la forma de salir del «sótano de la humanidad» es tomar las emociones de los sellos inferiores y poseerlas para transformarlas en sabiduría. O como Joe Dispenza señala, «jubilarlas convirtiéndolas en sabiduría». O como hace la ostra: tratar directamente con lo irritante hasta convertirlo en perla.

CAPÍTULO 8

En la práctica

QUÉ PODEMOS HACER

«Descalcificar» la glándula pineal. El flúor. La glándula pineal es extremadamente sensible a ciertos tipos de toxinas, y cualquier cosa que afecte negativamente a su funcionamiento puede tener consecuencias para nuestro bienestar espiritual y emocional. ¿Por qué el flúor? Por la gran afinidad que existe en la glándula pineal hacia este.

En un estudio, la Dra. Jennifer Luke* descubrió que la glándula pineal es particularmente sensible al flúor y tiene la capacidad de acumular más flúor que cualquier otro tejido óseo o blando del cuerpo. Aún más preocupante fue el hecho de que la acumulación de flúor en la glándula pineal puede inhibir la producción de melatonina, la «hormona del sueño», como hemos comentado (ver pág. 50).

Jennifer Luke. *El efecto del flúor en la fisiología de la glándula Pineal* (2001). Departamento de Medicina Preventiva y Comunitaria de la Universidad de Surrey (Inglaterra).

La misma Dra. Luke también observó que la glándula pineal calcificada (una condición a menudo asociada con la edad, pero que también puede ser causada por la acumulación de flúor) puede estar vinculada a una serie de problemas de salud, como los trastornos del sueño y ciertas enfermedades neurodegenerativas.

Quelación. Además de cambiar a una pasta de dientes sin flúor, de filtrar nuestra agua para eliminar el flúor, podemos ser más conscientes de nuestra dieta, de lo que comemos. Y desde 2013 también se habla de «quelación», que puede ser eficaz para eliminar metales pesados del cuerpo. Existen muchos agentes quelantes naturales, como el ajo, las algas —cosechadas en mares o lagos limpios— y la cúrcuma, que pueden ayudar a nuestro cuerpo a deshacerse de los depósitos de calcio.

Melatonina y posibles complementos. Según un estudio publicado en la revista *Journal of Pineal Research* en 2017, la melatonina puede inhibir la calcificación pineal. Otro suplemento a considerar es el yodo. Este mineral esencial se utiliza en el cuerpo para la producción de hormonas tiroideas, pero también puede ayudar a eliminar el fluoruro del cuerpo.

Vitamina C, vitamina D, selenio, antioxidantes como el glutatión... O bien una fresca ensalada de frutas con jugosas fresas, deliciosos kiwis, suculentas naranjas y una pizca de jugo de limón para darle un toque cítrico. ¿Seguro que «se te hace la boca agua» con imaginarlo.

Alcachofas, aguacates, nueces de Brasil... son muchos, los alimentos a tener en cuenta*.

* Encontraréis abundante información sobre este tema en *El libro de la nutrición práctica*, de Jaume Rosselló, Redbbok Ediciones.

La meditación

¿Qué es meditación? Mucho más que, simplemente, sentarse en silencio, es un vuelo de soledad a soledad, un viaje al interior de cada persona, un viaje a las profundidades de su ser. Si consideramos nuestra glándula pineal como un faro, la meditación podría ser como el combustible que mantiene ese faro encendido. Según Dispenza, meditar puede activar la glándula pineal y, por lo tanto, ampliar nuestras habilidades para percibir realidades más sutiles. Tampoco es que se trate de algo tan nuevo. Si repasamos la tradición del yoga veremos que en textos clásicos como los Yoga Sutras de Patanjali (siglo II a.C.), se describe la práctica del «tratak», una forma de meditación que implica la concentración en un único punto para calmar la mente y abrir el tercer ojo, que es cómo ellos denominaban a la glándula pineal.

Una técnica de meditación

Dispenza ofrece numerosos recursos y diferentes técnicas para meditar, todas ellas excelentes y con magníficos resultados. Aquí presentamos una técnica sorprendentemente simple (aunque no tan fácil de hacer como podríamos imaginar).

1. Primero encuentra un lugar tranquilo y cómodo para sentarte. Puede ser en una silla, en el suelo, o incluso en tu cama. Lo importante es que te sientas a gusto y puedas mantener una postura erguida pero relajada. Una vez que estés cómodo, cierra los ojos y haz unas cuantas respiraciones profundas. Siente cómo el aire entra y sale de tu cuerpo. Permite que la paz y la tranquilidad te rodeen. ¿Lo sientes? Ese es el silencio del momento presente, tu hogar, tu santuario interior.

2. Ahora lleva tu atención a tu entrecejo, justo en medio de tus ojos. Este es el lugar que muchas tradiciones espirituales asocian con el tercer ojo y la glándula pineal. Al principio, puede parecer extraño, incluso un poco incómodo, concentrarte en esta área. Pero con la práctica, te acostumbrarás a ello.

3. Mantén tu concentración en el entrecejo, permitiendo que cualquier pensamiento o distracción flote y se desvanezca. Recuerda, no estás tratando de forzar nada. Solo estás observando, estás presenciando. Recordemos al Dr. Strassman, que decía que la liberación de DMT por la glándula pineal podría ser desencadenada por ciertos estados de concentración intensa (ver pág. 55). Eso es exactamente lo que estamos tratando de hacer aquí.

Aquí está el secreto: mientras mantienes tu enfoque en el tercer ojo, imagina que estás respirando a través de él. Como si fuera una pequeña ventana hacia el vasto universo, y cada vez que inhalas y exhalas, estás intercambiando energía con el cosmos. No te preocupes si no puedes visualizarlo al principio, será más una sensación que una imagen.

La práctica. Guárdate un poco de tiempo cada día para sentarte en silencio y respirar a través de tu tercer ojo. Podrías comenzar con solo cinco minutos al día y aumentar gradualmente a medida que te sientas más cómodo con la práctica. Y lo mejor de todo: sin metas ni logros, se trata de un viaje a las maravillas del interior de ti, un camino de autodescubrimiento y desarrollo personal. A medida que profundizas en la meditación y comienzas a enfocarte en tu tercer ojo, puedes notar algunas experiencias únicas. Algunas personas informan sobre una sensación de luz que inunda su visión interna, como si una lámpara se hubiera encendido dentro de su cabeza. Otros sienten una especie de vibración o zumbido en la frente. Algunos incluso experimentan visiones o percepciones inusuales. Todo eso es normal, aunque pueda parecer un poco extraño o inquietante al principio.

Visualizaciones. Las prácticas de meditación pueden acompañarse de visualizaciones. Visualizar el sol interior es como encender una luz en una habitación oscura. La glándula pineal es nuestra conexión con la conciencia superior, nuestra puerta al universo interior. Es nuestra brújula interna, guiándonos hacia la verdad y la sabiduría. Despertar la glándula pineal es como encender esa luz.

Pero por otra parte, la visualización no es solo para ayudarnos a despertar la glándula pineal. Es una herramienta increíblemente versátil que puede aplicarse en muchos aspectos de tu vida, desde el rendimiento en el deporte o el trabajo hasta cualquiera de tus proyectos vitales.

El poder del sonido. Desde los cánticos tribales de los indígenas hasta la música de las esferas de Pitágoras, la humanidad siempre ha reconocido el poder del sonido. Las vibraciones sonoras tienen la capacidad de mover el mundo físico, de alterar nuestro estado de ánimo, y hasta de desbloquear el potencial oculto de nuestra glándula pineal.

Cierra los ojos e imagina un mantra. Como se sabe, los mantras son palabras o frases en sánscrito que se repiten una y otra vez en la meditación. "Om", por ejemplo, es el mantra más conocido. En *Mantras: Words of Power* (2003), Swami Sivananda explica cómo la repetición constante de estos sonidos puede llevarnos a un estado meditativo profundo. También lo pueden lograr los cuencos tradicionales tibetanos, cuyo sonido, único y casi hipnótico, promueve la relajación profunda y ayuda a abrirnos a elevados estados de conciencia.

Conexiones geomagnéticas. Los campos geomagnéticos son, en términos muy sencillos, los campos magnéticos de la Tierra, generados por el movimiento del núcleo líquido de nuestro planeta. La glándula pineal es sensible a las variaciones en esos campos... y uno de los campos electromagnéticos más grandes y poderosos a los que estamos expuestos diariamente es el campo magnético terrestre.

Todo ello fue expuesto en por el Dr. Luke Montanye en *Quantum coherence and consciousness* (Journal of Cosmology, 2011). En este trabajo, Montanye hablaba de cómo los campos geomagnéticos pueden afectar a la coherencia cuántica en el agua que, como se sabe, es el componente crucial de nuestro cuerpo y, en particular, de la glándula pineal. En otras palabras, nuestra pequeña glándula pineal, escondida en lo más profundo de nuestro cerebro, es sensible no sólo a la luz y la oscuridad, sino también a las sutiles fluctuaciones del campo magnético de la Tierra.

Resonancia Schumann. En el mundo de la física, la Resonancia Schumann se refiere a las frecuencias resonantes globales del espacio entre la Tierra y la ionosfera, creadas por los rayos que circulan alrededor de la Tierra. En términos más sencillos, sería como el «latido» o el «pulso» electromagnético terrestre. Lo asombroso es que estas frecuencias, que oscilan alrededor de 7.83 Hz en su frecuencia fundamental, son extremadamente similares a las frecuencias de las ondas cerebrales humanas en estado de relajación y meditación. Que la frecuencia natural de nuestro planeta sea tan similar a las frecuencias que nuestros cerebros emiten cuando estamos en un estado de calma y paz interior es mucho más que una simple curiosidad. Nos habla con elocuencia de las maravillas del universo, pero también de una interacción entre la Resonancia Schumann y la glándula pineal. Se dice (Miller, 2014) que quizá la glándula pineal podría actuar como una especie de «antena» que sintoniza con las frecuencias de la Resonancia Schumann, lo que podría influir en nuestro estado de consciencia.

Después de la tormenta. ¿Alguna vez has sentido una sensación de paz y calma tras una tormenta con fuerte descarga eléctrica? ¿Te has preguntado por qué, después de un relámpago, el mundo parece vibrar con una energía fresca y revitalizada? Porque durante las tormentas eléctricas, los relámpagos emiten impulsos electromagnéticos que aumentan la intensidad de la Resonancia Schumann. Y aquí está la parte realmente fascinante. Según el investigador Robert Becker (*The Body Electric*, 1985), nuestro sistema nervioso puede ser capaz de detectar estos cambios en la Resonancia Schumann. Es decir, que puede estimular la actividad de nuestra glándula pineal, lo que a su vez afecta a nuestro estado de consciencia, induciendo sensaciones de calma y bienestar.

LOS EJERCICIOS. «LA FÓRMULA».

Al cabo de muchos años de esfuerzos e investigaciones, Joe Dispenza y su equipo han dado forma a una serie de prácticas, bajo el nombre de «La Fórmula». En Internet podéis encontrarlos fácilmente; por lo general no son gratuitos. Aconsejamos el acceso directo a ellos a través de Joe Dispenza y sus cursos avanzados y masterclass (preferiblemente tras haber participado en alguno de tipo presencial). Aquí os resumimos en qué consisten.

El origen de la fórmula. Al combinar coherencia del corazón y el cerebro, podemos influir en nuestra mente, nuestro cuerpo y, en última instancia tomar el control de nuestra vida. Tanto en la historia personal del Dr. Joe, como en los testimonios de otros que pasaron por lo que llamamos «curación espontánea», surgieron cuatro puntos comunes muy importantes. Son:

1. El poder que creó el cuerpo sana el cuerpo. Todos creían en una inteligencia interior que daba vida, sin importar que nombre le pusieran. Una inteligencia que se ocupa del equilibrio, la reparación y la regeneración del cuerpo.

Se tomaron su tiempo para ponerse en contacto con ella, y presentarle un plan muy específico, luego la dejarían trabajar. Repitieron esto una y otra vez, para que les trajera sanación.

2. La conciencia nos da la posibilidad de "desaprender" nuestro viejo ser. A cierto nivel, todos asumieron la responsabilidad por su propia salud. Pensaron qué pensamientos y acciones tenían que pudiesen haberlos afectado y tomaron conciencia de sus estados inconscientes físicos y mentales. Los pensamientos y las emociones se pueden condicionar de tal forma que se vuelven autónomos y nos quedamos atrapados en un bucle infinito.

3. Un nuevo yo conduce a una nueva realidad. También pensaron en qué querían poner su atención, cómo querían actuar y quiénes querían ser en su nueva vida.

Practicaron esto en su interior, hasta que el cuerpo no pudo diferenciar entre imaginación y realidad; porque la experiencia interna había creado la emoción. Se sentían mejor día a día y finalmente su salud mejoró.

4. Al estar presentes en el momento presente creamos nuestro mundo de adentro hacia afuera. Con el enfoque puesto adentro, todos perdieron noción del espacio y el tiempo. Esto sucede cuando estamos tan presentes en lo que estamos haciendo que olvidamos todo lo que nos rodea.

Como hemos dicho, Joe Dispenza tiene una comprensión profunda sobre neuroplasticidad, epigenética, psiconeurología y física cuántica, disciplinas en las que encontró respuestas y explicaciones sobre nuestra mente y su influencia tan directa sobre nuestro cuerpo y nuestra realidad. Comenzó a compartir sus conocimientos en libros y talleres, pero los participantes fueron capaces de implementar esto tan bien, que llegó a la conclusión que este efecto podría repetirse. El éxito ha superado todas sus expectativas.

CAPÍTULO 9

Entrevista a Joe Dispenza

«Somos lo que repetimos,
pero podemos cambiar nuestra mente.»

«La preocupación es una adicción, es un hábito,
es falta de imaginación.
De las infinitas posibilidades que ofrece la física cuántica
estamos escogiendo el peor resultado»
JOE DISPENZA

Dispenza invita a aprovechar la habilidad natural del cerebro para reestructurarse y crear nuevos circuitos neuronales que eviten reacciones poco saludables. Lo explica en sus libros, cursos y conferencias en todo el mundo.

«Cada segundo pierdes diez millones de células: la vida actúa en ti: ¡acéptala! El cerebro humano es un órgano de colosal plasticidad, y hoy estamos aprendiendo a estimularlo, enriquecerlo, desplegarlo. Y no sólo en sus capacidades intelectivas, sino también en las emocionales.

Y en las bioquímicas: podemos aprender a modularlo para producir duchas hormonales que nos refuercen el sistema inmunológico. Quizá la medicina del futuro consista en ese autocontrol de los recursos de la mente sobre la materia, sobre el propio cuerpo.»

Os ofrecemos un extracto de tres entrevistas a Joe Dispenza, realizadas con motivo de sus visitas periódicas a nuestro país*.

—De su profesión de quiropráctico, ¿qué ha aprendido e incorporado a su mensaje, a sus propuestas?
—Una de las cosas que sé sobre la naturaleza humana es que estamos cortados por patrones, nos regimos por procesos y comportamientos automáticos que memorizamos y que nos resultan difíciles de cambiar. Lo que me interesa estudiar es cómo romper el hábito de ser nosotros mismos. Con la quiropráctica, yo puedo liberar una columna vertebral de las tensiones acumuladas, pero si mi paciente vuelve a su vida cotidiana y percibe los mismos problemas, tiene las mismas reacciones emocionales, los mismos pensamientos y las mismas actitudes, el cuerpo se volverá a contraer de la misma forma otra vez. En nuestra consulta enseñamos a los pacientes cómo empezar a pensar y actuar de manera diferente.

—Necesitan tanto sus manos como las palabras...
—Por supuesto. Puedes tratar a alguien desde un punto de vista estrictamente estructural y mejorará, sin duda, porque se producirán cambios fisiológicos en su cuerpo. Ya algu-

---

* Entrevistas realizadas por Ana Quintana, Yvette Moya-Angeler y Francesc Miralles; de esta última encontraréis la entrevista completa en la revista *Integral* núm. 419 (2014).

nas personas el efecto les puede durar cierto tiempo. Pero al cabo de seis meses o un año es muy probable que se vuelvan a presentar en la consulta con exactamente el mismo problema o que busquen otra terapia. Si enseñamos a la gente a ser responsable de su salud, entonces hay que enseñarles que cuerpo y mente trabajan juntos.

—¿Lo que la mente entiende, el cuerpo también lo entiende?
—Tenemos tres cerebros en uno, que nos permiten ir del pensar al hacer, y del hacer al ser. El cerebro pensante es el neocórtex. Ahí almacenamos la información intelectual, que tiene muy poco efecto en el cuerpo. Cuando aplicamos lo que aprendemos, cuando lo personalizamos y demostramos, ahí le enseñamos al cuerpo lo que la mente ha entendido intelectualmente, y lo grabamos gracias a las sensaciones y emociones. La experiencia permite que trabajen juntos dos cerebros: el que piensa y el que hace. Pero no es suficiente con tener experiencias. Tenemos que ser capaces de reproducirlas. Y cuando lo hacemos una y otra vez, activamos el tercer sistema cerebral. En otras palabras, las memorizamos y se convierten en un automatismo. Entonces llegamos al estado de "ser".

—Pensar o sentir. ¿Qué va primero? ¿Somos lo que repetimos?
—El 90% de lo que somos a los 35 años son programas memorizados: actitudes, comportamientos y reacciones memorizadas. Solo el 10% corresponde a nuestra mente consciente. Así que la persona que ha pensado mucho sobre el sufrimiento, y que lo ha experimentado, intelectualmente puede querer ser feliz, sana, libre, y proponérselo, pero

luchará contra un cuerpo que ha memorizado tan bien el sufrimiento que lo ha llegado a convertir en su forma de ser. Puedes entenderlo, pero hay que hacer algo con esos patrones de conducta, empezar a cambiar.

—**¿Y ocurre también al revés? ¿Los cambios en el cuerpo pueden afectar a la mente?**

—Esa es la cuestión: ¿los pensamientos controlan nuestros sentimientos o viceversa? Bueno, en la mayoría de hombres, el pensamiento controla los sentimientos. En las mujeres son los sentimientos los que controlan el pensamiento. No hay nada malo en ello: ambos pueden llegar a las mismas conclusiones. Porque si una persona tiene pensamientos elevados, va a empezar a sentir de forma elevada. Y si se siente elevada, podrá pensar de forma elevada.

Puedes entrar en el círculo por donde quieras, yendo del pensamiento al sentimiento o del sentimiento al pensamiento. Cada vez que tienes un pensamiento, provocas una reacción bioquímica en el cerebro, y esa señal se transmite al cuerpo. Si tienes grandes pensamientos produces sustancias que te hacen sentir muy bien; si los pensamientos son negativos, ocurre lo contrario. En el momento en el que empiezas a sentir tal como piensas, tiendes a pensar de la forma en que te sientes, lo que a su vez produce más sustancias que te hacen sentir como piensas y pensar de la misma manera en que te sientes...

ROMPER LOS HÁBITOS PERJUDICIALES, SALIR DE LA ADICCIÓN A LO CONOCIDO

—**¿Cómo se puede romper ese ciclo de retroalimentación?**

—La mayoría de personas no pueden pensar mejor de cómo se sienten. Si están enfadadas no pueden pasar a la alegría rápidamente. Pero si se separan del entorno y empiezan a pensar de forma diferente comienzan a experimentar también nuevos sentimientos.

—¿Somos poco creativos?
—Son las adicciones las que nos hacen seguir repitiendo los mismos patrones. Cuanto más prácticas algo y más implicas al cuerpo y más lo repites, más lo memorizas. Así es cómo operamos: si hacemos algo durante cierto tiempo se convierte en automático, ya no tenemos que pensar en ello. El proceso de pensar y actuar, o pensar y sentir, al cabo de un tiempo se convierte en una adicción emocional. La persona que memoriza el sufrimiento no puede pensar mejor de lo que siente, se queda bloqueada fácilmente en la repetición de pensamientos relacionados con el sufrimiento y la infelicidad, actitudes de autocompasión, etc.

—¿Y qué satisfacción busca el cerebro en la repetición?
—Cada vez que piensas en algo las neuronas de tu cerebro se activan pero no se conectan, así que tienes que repetirlo una y otra vez para memorizarlo. Tras un período de tiempo estas neuronas liberan una sustancia que es como un pegamento o fertilizante, que hace posible que las neuronas tengan una relación a largo plazo. En el momento en que las neuronas se conectan se libera una energía y experimentamos la sensación de que algo nos resulta familiar, conocido. Cuanto más se estimulan los circuitos neuronales establecidos, más fuertes se hacen las conexiones sinápticas y más fácil resulta activarlas, hasta que se convierten en respuestas fáciles e inconscientes, automáticas.

—¿Al cerebro puede gustarle repetir algo perjudicial?

—Si continuamos teniendo pensamientos de sufrimiento provocaremos más sentimientos de sufrimiento, y una vez sintamos el sufrimiento, pensaremos más sobre el sufrimiento... El ciclo de producir estas sustancias una y otra vez condiciona al cuerpo a lo largo de los años para memorizar ese estado emocional mejor que el cerebro. Nos convertimos en adictos a esa emoción, y el cuerpo llega a saber más que la mente.

—Pero, ¿por qué cambiar resulta tan difícil?

—Porque esos estados emocionales memorizados son en gran medida inconscientes. Conseguir que el cerebro sea consciente de ello requiere atención, romper el hábito de ser uno mismo. Y porque la mayoría de personas cuando se sienten mal encienden el televisor. O llaman a alguien y se quejan. O navegan por internet. Se entretienen, no se preguntan: «¿qué es este sentimiento y por qué está ahí? Voy a observarlo, no quiero vivir así».

La mayor parte de la gente no lo hace y experimenta crisis vitales, porque ese sentimiento se hace tan fuerte que ya nada puede hacerle feliz: buscan una relación nueva, un coche nuevo, se apuntan a un club, se van de vacaciones... para que este sentimiento desaparezca. Buscan siempre algo en su entorno, alrededor. El problema es que después de la novedad, el sentimiento reaparece.

—¿Qué propone hacer?

—La solución es empezar a desaprender. Puedes empezar preguntándote en qué emoción vives cada día: ¿es miedo? ¿es rigidez? ¿es tristeza? La primera semana hay que dejar que aflore la emoción y familiarizarse con ella: cada vez que se sienta ese sentimiento, habrá que prestarle atención: «ahí está». Llevarlo al plano consciente es el primer paso.

—¿Somos los únicos responsables de nuestra felicidad? ¿Qué papel tienen los otros?
—Nunca deberíamos hacer a nadie responsable de nuestra felicidad. La verdadera felicidad llega cuando nos superamos a nosotros mismos, cuando vamos un poco más allá de nuestra adicción al enfado o a la tristeza, y podemos sentirnos un poco más libres. Hemos de aspirar a vivir con personas que nos hagan felices y no con las que sufrimos.

—Pero hay una parte triste de la vida, una parte oscura incluso en nosotros mismos, que no se puede negar.
—Es cierto. Y no hay nada malo en sentir pesadumbre. Pero yo hablo de aprender a controlarla. Si no puedes parar esta reacción, las sustancias liberadas crean un estado de ánimo que, mantenido durante semanas o meses, acaba configurando tu temperamento. Y mantenido a lo largo de años, tu personalidad. Nuestras reacciones emocionales crean nuestra personalidad. Puedes sentir tristeza, ¡pero no memorizarla! Entonces eres libre.

—¿Usted lo es?
—Yo amo a la gente, tengo excelentes relaciones con las personas en mi vida, me gusta la emoción de celebrar la vida cuando estoy acompañado. Pero también tengo tiempo para mí, para trabajar en mis cambios personales. Esto me permite no necesitar esos apoyos exteriores más de la cuenta. La mayoría de las personas en sus relaciones necesitan al otro; si esa necesidad está basada en una adicción,

crea un falso sentimiento de felicidad. De ahí que se sientan constantemente decepcionados.

—¿Qué papel tiene la genética en la reprogramación de nuestros pensamientos?

—Tu cuerpo es una máquina de crear proteínas, así que para que tu cuerpo cree esas proteínas tiene que expresar un gen. La expresión de las proteínas es la expresión de la vida. La expresión de la vida es lo mismo que el bienestar del cuerpo y que un cuerpo sano. Lo que activa un gen es una señal que viene de fuera, desde fuera de la célula y está condicionado por cómo piensas, las decisiones que tomas, los comportamientos que tienes, las experiencias que abarcas, y las emociones que sientes. Cuando cambias alguna de estas cosas cambiarás tu expresión genética. Para explicar el proceso de curación se tiene que hablar de la epigenética, que demuestra que los genes son variables y cambian. Eso explica cómo nos curamos.

CAPÍTULO 10

Inspiraciones

Una carta

A finales de los años 80, Lieserl, la hija de Albert Einstein, donó 1.400 cartas escritas por Einstein a la Universidad Hebrea, con la orden de no hacer público su contenido hasta dos décadas después de su muerte. La carta que se transcribe no aparece en el archivo de Albert Einstein, aunque se asegura que estuvo en manos de Lieserl y simplemente no se incluyó en la donación a la Universidad Hebrea. Vale la pena leerla, fuese quien fuese el que la escribiera. Esta carta empezaba así:

«Cuando propuse la teoría de la relatividad, muy pocos me entendieron, y lo que te revelaré ahora también chocará con la incomprensión y los prejuicios del mundo. Aun así, te pido que la custodies todo el tiempo que sea necesario, años, décadas, hasta que la sociedad haya avanzado lo suficiente para acoger lo que te explico.

Hay una fuerza extremadamente poderosa para la que hasta ahora la ciencia no ha encontrado una explicación formal.

Es una fuerza que incluye y gobierna a todas las otras, y que incluso está detrás de cualquier fenómeno que opera en el universo y aún no haya sido identificado por nosotros.

Esta fuerza universal es el amor.

Tal vez sea demasiado tarde para pedir perdón, pero necesito decirte que te quiero y que gracias a ti he llegado a la última respuesta.»

Tu padre.

Libros de Joe Dispenza

Dispenza, Joe. *Desarrolla el cerebro*. Ed. Palmyra
(hay edición argentina en Ed. Kier).
Dispenza, Joe. *Deja de ser tú*. Ed. Urano.
Dispenza, Joe. *El placebo eres tú*. Ed. Urano.
Dispenza, Joe. *Sobrenatural*. Ed. Urano.

Relacionados con la obra de Joe Dispenza

Alan Wolf, Dr. Fred. *La nueva alquimia de la vida*. Ed. Océano.
Dooley, Mike. *Mensajes del Universo*. Ed. Urano.
Emoto, Masaru. *El poder curativo del agua*. Ed. Obelisco.
Emoto, Masaru. *Mensajes del agua*. Ed. La Liebre de Marzo.
Fenton, Crystal. *El poder de sanación de la glándula pineal*.
Ed. Obelisco.
Morley, Charlie. *Sueños lúcidos*. Ed. Sirio.
Ramtha. *El libro blanco*. Ed. Bel Shanai.
Ramtha. *El plano sublime*. Ed. Arcano Books.
Sheldrake, Rupert. *Una nueva ciencia de la vida*. Ed. Kairós.
Strassman, Rick. *DMT, la molécula del espíritu*. Ed. ITI.
Vicente, Mark; Chasse, Betsy y Arntz, William. *¡¡Y tú qué
sabes?!* Ed. Palmyra.

Otros libros

Capra, Fritjof. *El Tao de la física*. Ed. Sirio.
Chia, Mantak. *Despierta la energía curativa a través del Tao*.
Ed. Equipo Difusor del Libro.
Chopra, Deepak. *Cuerpos sin edad, mentes sin tiempo*.
Ed. Vergara.

Gerber, Richard. *La curación cuántica*. Ed. Robin Book.
González Burón, Helena (y seis más). *Cómo explicar física cuántica a un gato zombi*. Ed. Alfaguara.
Gribbin, John. *En busca del gato de Schrödinger*. Ed. Salvat.
Heisenberg, Schrödinger y otros. *Cuestiones cuánticas* (edición de Ken Wilber). Ed. Kairós.
Jasmuheen. *Resonancia*. Ed. Obelisco.
Jasmuheen. *Vivir de luz*. Ed. Apóstrofe.
Rosenblum, Bruce y Kuttner, Fred. *El enigma cuántico*. Ed. Tusquets.
Zohar, Danah. *La conciencia cuántica*. Ed. Plaza y Janés.
Zukav, Gary. *La danza de los maestros*. Ed. Argos Vergara.

Películas
Pueden encontrarse en soporte DVD y streaming (Filmin, Prime Video, YouTube y otras plataformas).
- Straubinger, P.A. *Vivir de la luz* (2010), con Jasmuheen, Rudiger Dahlke, y otros. Karma films.
- Vicente, Mark; Chasse, Betsy y Arntz, William. *¿¡Y tú qué sabes?!* (2004). Karma Films.
- Vicente, Mark; Chasse, Betsy y Arntz, William. *¿¡Y tú qué sabes?! 2: Dentro de la madriguera* (2006). Karma Films.
Ward, Vincent. *Más allá de los sueños* (1998), con Robin Williams y otros.

Vídeos en Gaia (plataforma de TV)
En este canal de pago se ofrecen muchos documentales relacionados con temas esotéricos, de vida interior y de nueva cultura en general. Entre ellos las temporadas completas de
- *Rewired*. Joe Dispenza (13 episodios).
- *Becoming Supernatural*. Joe Dispenza (8 episodios).

En las dos series se trata de producciones de calidad, con la participación directa de Dispenza.

Podcasts en audio
Con alrededor de treinta meditaciones distintas en español, y también música específicamente creada para trabajar con sus técnicas. En su web: www.drjoedispenza.com

Agradecimientos:
Ana Quintana, Yvette Moya-Angeler y Francesc Miralles (entrevistas); Gregg Braden, Dr. Fred Alan Wolf, Laura Torres, Lali Barnard Ferrando, Eduardo Martínez («Células emocionales»).

Joe Dispenza y el poder de la mente curativa

YouTube. Entrevistas e intervenciones de Joe Dispenza:

1. Lo divino está dentro de ti

2. Entrevista sobre el placebo eres tú

3. Tu mente crea tu realidad

4. ¡Tu mente es poderosa! (plan matutino semanal)

5. Cómo acceder a la vibración secreta del Universo para manifestar abundancia

6. Escríbelo y el Universo te lo dará

7. El poder da la curación a través de la meditación (sobre su accidente)

8. Preguntas de los participantes de retiros avanzados en España

9. Meditación curativa breve (podcast audio)

En Internet podéis encontrar abundantes podcast de audio con meditaciones relacionadas con Joe Dispenza.

ÍNDICE

En la misma colección:

Puedes visitar nuestros libros en
www.redbookediciones.com
a través de este código QR:

Puedes seguirnos en:

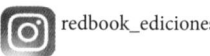 redbook_ediciones

 @Redbook_Ed

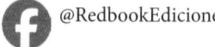 @RedbookEdiciones